日本裝束
解剖圖鑑

八條忠基／著
李秦／譯

前言

十二單、衣冠與束帶。當我們有機會在各式各樣的儀式與活動中看到這些傳統衣著時，是不是會先被它的美所吸引，接著便會聯想到日本悠長的歷史呢？像這樣從古至今連綿不絕地繼承下來，有固定格式的衣服，我們稱為「裝束」。

裝束主要是指宮廷中或公家社會所使用的衣著，而在這樣的世界中存在著食衣住行的詳細準則，就稱為「有職故實」。在武家的世界裡，宮廷社會常被當成憧憬的對象，幕府時期也有衍生出備受重視，稱作「柳營故實」的有職故實。換句話說，日本服飾的歷史核心基本上就是「裝束」。

本書會以淺顯易懂的插圖形式，呈現出跨越千年以上的裝束的悠長歷史，另外，有關有職故實的細膩準則也會透過符合「解剖圖鑑」系列的方式，盡可能詳細地介紹。

聖德太子時代從中國直接複製形式的裝束，到了平安時代則轉為國風化。隨著時代潮流的推進，裝束不斷地改變，同時趨向簡約，再加上每個時代的巧思與技術而傳承至現代。讓我們一起來探究這些在宮廷世界受人喜愛的華麗裝束的歷史吧！若說這是「日本人美感意識的歷史」也不為過。

八條忠基

目錄

第7章
現代的裝束

現代

【本書的閱讀方式】

穿著時間・場合・人物（TPO）
表示穿著裝束的時間、場合與穿著人物等。人物的部分如果沒有區分位階或是詳細情況不明確時，則會省略。

正式度
依照穿著裝束時的場合或目的，裝束的正式度分成5個等級。
〈參考〉
★　非常私下的日常服
★★　一般私下穿的日常服
★★★　日常服～簡單的勤務服
★★★★　正裝、較不那麼正式的禮服
★★★★★　等級最高的服裝（禮服）

【日文版STAFF】
人物、專欄插圖　幸翔
其他插圖、描圖　長岡伸行
設計　marusankaku design（菅谷真理子、髙橋朱里）
DTP　天龍社

裝束的各部位名稱

袍的各部位名稱

袍①

穿著束帶與衣冠時，穿在最外層的上衣。

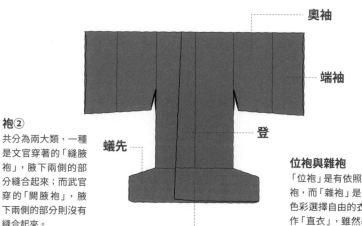

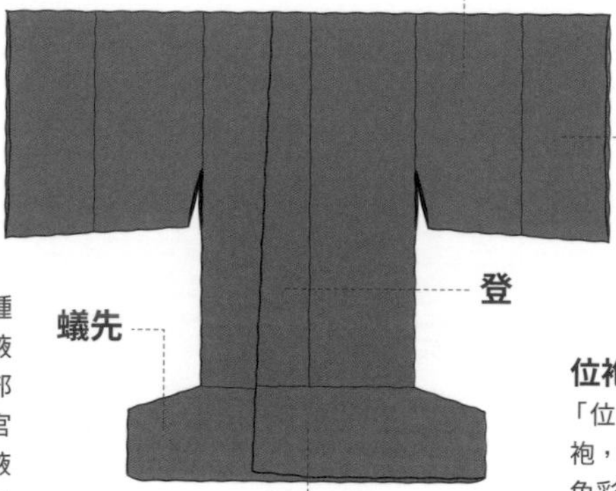
縫腋袍（前）
奧袖
端袖
登
蟻先
襴
前身

袍②

共分為兩大類，一種是文官穿著的「縫腋袍」，腋下兩側的部分縫合起來；而武官穿的「闕腋袍」，腋下兩側的部分則沒有縫合起來。

位袍與雜袍

「位袍」是有依照位階制定當色的衣袍，而「雜袍」是不受位當色限制，色彩選擇自由的衣袍。「雜袍」也稱作「直衣」，雖然基本的版型與位袍大致相同，但是引直衣（下直衣）的身丈（從肩膀到下襬的長度）設計得比較長。

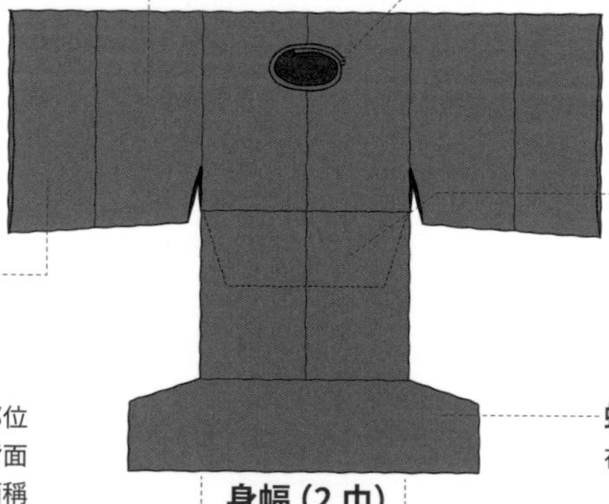
縫腋袍（後）
奧袖
首紙
端袖
筥衣（格袋）
蟻先
身幅（2 巾）
後身

首紙

這是指襟的部分。袍的圓領周圍有詰襟狀的盤領。平放時，有首紙的部分是後面。

筥衣（格袋）

只有衣冠在筥衣的兩側會附有讓筥衣貼緊腰部的細長帶子。

身頃

除了襟、袖、衽等部位之外，衣服前面與背面部分稱為身頃。正面稱作「前身」，背面稱作「後身」。

蟻先

在身頃下襬橫向拼接的布稱為「襴」，而襴兩側突出的部分稱為「蟻先」。闕腋袍沒有蟻先。

袴的各部位名稱

袴(指貫)

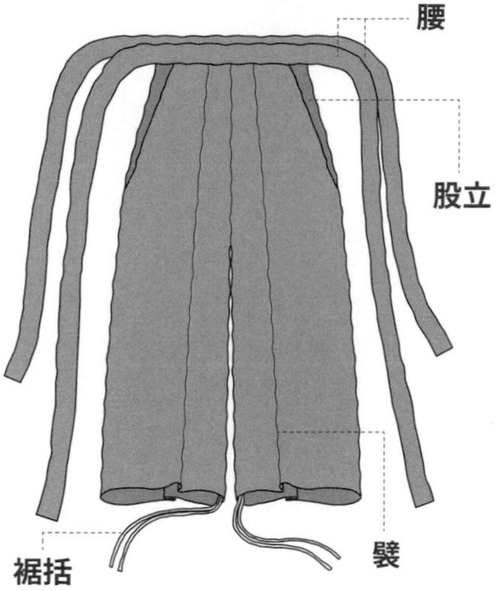
腰
股立
裾括
襞

冠的各部位名稱

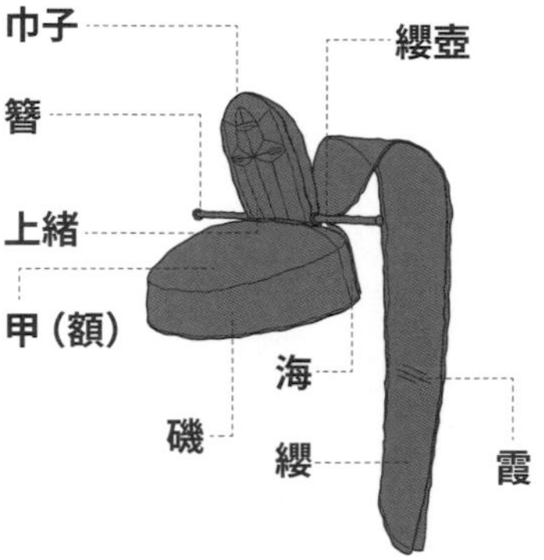
巾子
纓壺
簪
上緒
甲(額)
海
磯
纓
霞

〈一般和裝的主要部位名稱〉

女性的小袖(前)　**女性的小袖(後)**

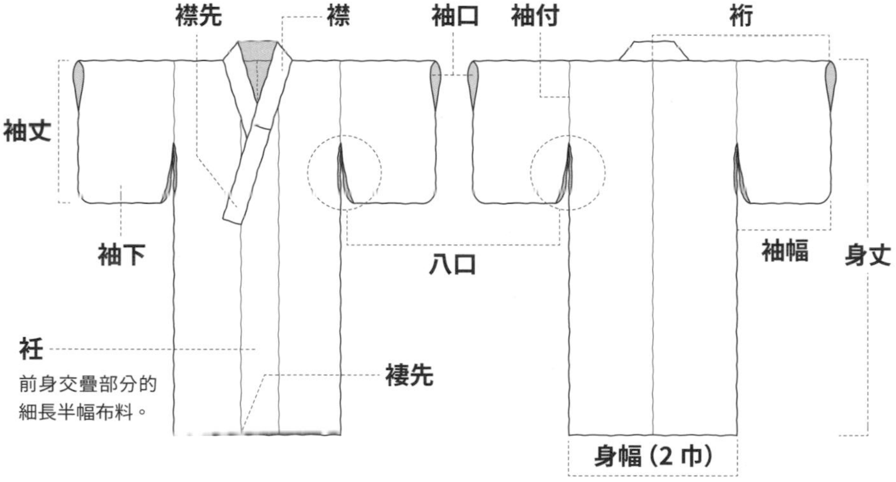
襟先
襟
袖口
袖付
裄
袖丈
袖下
八口
袖幅
身丈
衽
前身交疊部分的
細長半幅布料。
褄先
身幅(2巾)

前身　後身

關於裝束的Q&A

Q1 裝束使用的材質是什麼？

A1 原則上是用絹。以前也會使用麻與葛的纖維。

裝束的布料是用絹製成，無位的衣類則是使用麻製作。另外，水干袴與蹴鞠穿的袴等，則會在布料中加入稱作「葛袴」的葛纖維織製，增添強韌度。木棉（棉花）是在室町時代後期由南蠻船傳入，因此原則上裝束是不會用木棉製作，但是「木棉」（楮的纖維）會用於祭祀神事。

Q2 絹有多少種類？

A2 有生絹與熟絹2種，依照季節使用不同的絹。

以蠶絲線（生線）織成的布稱為「生絹」，觸感輕盈細緻，常用於製作夏季裝束或內裡。生線經過鹼處理、除去表面的蛋白質「絲膠蛋白」後織成的布料，則稱為「熟絹」，光澤細緻，觸感綿密，多用於製作冬季的裝束。

Q3 織法有幾種？

A3 代表性的織法有平織、綾織與捩織。

衣服的織法共分為高位裝束使用的有文「綾織」、下位裝束使用的無文「平織」，以及夏季輕薄布料使用的「捩織」等。捩織是用經線纏繞製造空隙的織法，「紗」與「羅」也是利用這種技法。冠原本是用羅製作的，但是有文樣的文羅製法在應仁元年（1467年）因應仁之亂紛失，爾後使用刺繡縫補。

Q4 布的顏色是怎麼染的？

A4 有先染與後染2種方法。

先把線染色再織成反物的布料（先染）稱作「織物」，織物的顏色稱作「織色」。先染的經緯線可以選擇不同的顏色，如此一來光照的角度不同，織物的顏色也會跟著改變，這種光學現象稱作「虹彩現象」。另外，用白線織成反物再染成單一顏色的布料（後染）稱作「染物」，用於位袍等裝束。

Q5 裝束是什麼人製作的？

A5 由專門染織・裁縫的官人或職人所製作。

在平安時代，裝束的染織與裁縫有專門的官方部門負責。染織是由「織部司」，裁縫則是由「縫殿寮」負責。到了鎌倉時代，設立了由特定公家負責承攬的制度，宮中的裝束都是由世襲的內藏頭山科家獨占，由山科家宅邸內的「吳服所」製作。染織則是由織部町・大舍人町的職人負責，應仁之亂後，他們遷至西陣繼續生產製作。

第1章

古代〜平安時代初期的裝束

古代~飛鳥時代左右

日本「裝束」的起源

男女

我們並不太知道日本古代的服飾。在《魏志倭人傳》中提到「男子皆露紒，以木棉招頭，其衣橫幅，但結束相連」，不過實際的狀態並不清楚。到了5~6世紀，可以從埴輪（日本古墳時期的素燒陶器）推斷出一定程度的樣貌。從埴輪可見男性穿著類似褲裝的袴，女性穿著類似裙裝的裳，反而很類似現代的服裝。

日本官方服裝制度的確立是在推古11年（603年），由聖德太子制定冠位十二階開始的。這是參照中國隋朝的制度所制定，不同官階的冠有相對應的顏色，因此從冠的顏色就能一眼看出對方的身分。這是群雄鼎立的國家走向中央集權化的一個過程。

聖德太子時代的正裝

古代的裝束（男性）

冠
《日本書紀》中記載「以當色的絁（一種粗綢，比絹的質感略差一點的絹織物）縫製冠」。
袍
《日本書紀》中記載「諸臣的服色遵照冠色」。
長紐
袍的緣
襴的緣
褶
表袴
表袴的緣
鞋子

冠位十二階的位當色

冠位	當色（推測）
德（大小）	紫
仁（大小）	青
禮（大小）	紅
信（大小）	黃
義（大小）	白
智（大小）	黑

TPO 不明

正式度 ★★★★★？

在聖德太子駕崩後製作的《天壽國繡帳》中記載的男性服飾，上衣是詰襟，下半身是合身的袴，外面套著有皺褶的褶。《日本書紀》中並沒有記載冠位的顏色，是後世的學者依照「五行說」推測由上到下的官位依序應該是紫、青、紅、黃、白、黑。

古代的裝束（女性）

女性穿圍裹裙

TPO 不明

正式度 ★★★★★？

《天壽國繡帳》中記載的女性服飾，上衣與男性的完全相同，下半身則穿著類似長裙的裳取代袴。在同時代的中國史書《隋書》的〈倭國傳〉中記載，「婦人束髮於後，亦衣裙襦，裳皆有襈」。但是沒有記錄色彩等其他的內容。

袍的緣
袍
《天壽國繡帳》中描繪的形式與男性相同。
長紐
襴
拼接在身頃下襬的布稱作「襴」。
褶
穿在裳之上，像裳一樣圍在腰間。
裳
一般認為和後代的裳一樣是圍裹裙的形式。

奈良～平安初期 天皇

跨越千年以上裝束文化的草創期

在聖德太子制定冠位十二階後，到養老2年（718年）制定《養老律令》期間，天皇的服裝並沒有官方標準，據推測是與臣下穿著相同的服裝。在色彩方面，《養老律令》中有關色彩序列的描述如下：「衣服的顏色大致是白、黃丹、紫、蘇芳、緋、紅……」，因此可以推測白色為最上位，白色有可能就是天皇裝束的顏色。

天平4年（732年）有關於天皇穿著「禮服」的紀錄，但在律令中並沒有明確的規定。平安時代初期的嵯峨天皇時代，到了弘仁11年（820年）時，終於以「袞冕十二章」訂立形式並流傳後世。

聲音與色彩華麗豐富 袞冕十二章（天皇）（正面）

TPO 元旦朝賀・天皇

正式度 ★★★★★

學習中國的制度，天皇的禮服規定穿著稱為「袞冕十二章」的特殊裝束。在史書《續日本紀》中記載天平4年的元旦，天皇第一次穿著袞衣。

冕冠
袞衣（大袖）
條帶
袞龍
玉佩
以條帶繫在腰部，左右兩邊垂掛玉佩。走路時玉佩會敲打到舃，發出聲音。
舃（鼻高沓）
皮製的淺沓。

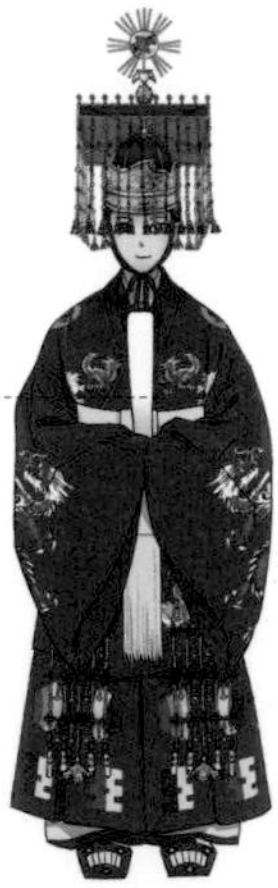

牙笏
以象牙或鯨魚骨製作。

吸引目光的中國風刺繡
袞冕十二章（天皇）（背面）

TPO 元旦朝賀・天皇

正式度 ★★★★★

以茜草染成的紅色「袞衣」，前後的龍在中國是皇帝的象徵，還有日、月、星辰、山、華蟲（雉）、火、宗彝（虎與猴）、藻、粉米、黼（斧）與黻（己字）共12種圖案的刺繡。

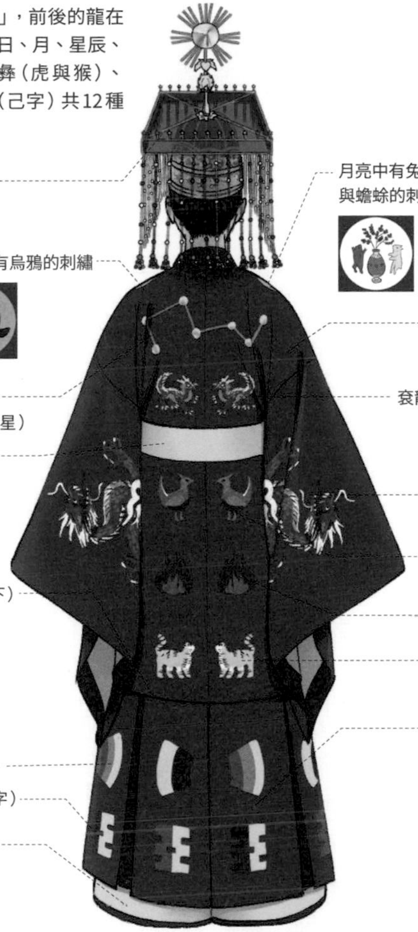
冕冠
月亮中有兔子與蟾蜍的刺繡
太陽中有烏鴉的刺繡
袞衣（大袖）
星辰（北斗七星）
袞龍
山（條帶之下）
袞龍
華蟲（雉）
藻・粉米（褶的上部、大袖之下）
火
宗彝（虎與猴）
褶
黼（斧）
黻（己字）
表袴

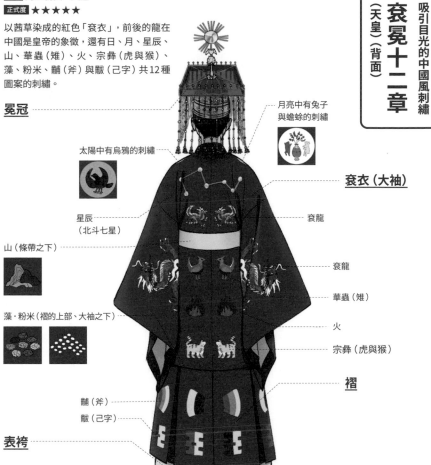

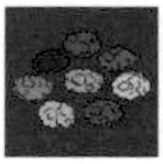

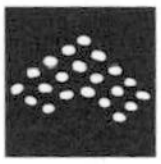

冕冠 專用的冠

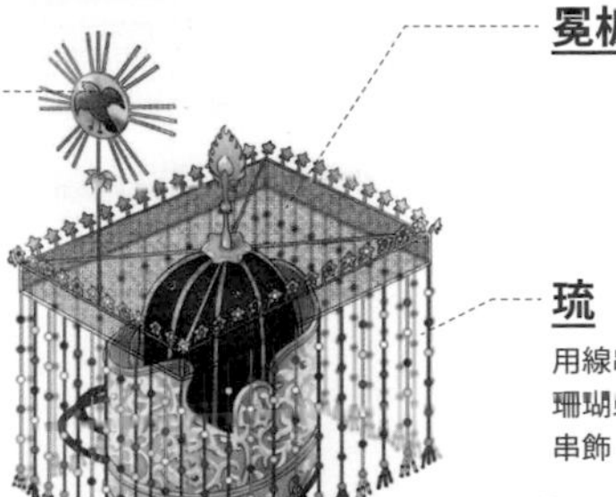
日形
冕板
琉
用線串起珍珠、珊瑚或琉璃的串飾。

TPO 元旦朝賀・天皇

正式度 ★★★★★

天皇會在頭上戴有玉飾的「冕冠」。右圖是江戶時代復原的冠。在近世以前，冠只有前後兩面有玉串。

奈良～平安初期　文官・武官

禮服的誕生與唐風文化的時代

大寶元年（701年）制定的《大寶律令》中有一項稱作「衣服令」的法令，其中對於服裝有諸多詳細的規定。朝廷的公服分為3種，元旦穿著中國風的「禮服」、日常勤務服為「朝服」（參照第18頁），以及無位者的朝廷勤務服「制服」。

因嵯峨天皇崇尚中國文化，所以天皇在位時，平安時代初期的朝服完全是唐風形式。到了弘仁14年（823年），嵯峨天皇讓位給弟弟淳和天皇之後，原則上儀式官以外的禮服皆被廢止，連重要的儀式都是穿著朝服。因此由合身且活動性高的胡服（參照第19頁）所改良的朝服，漸漸變得更寬鬆，袖丈也變得更長，逐漸轉變為豪華的服飾。

以細微的色彩區分位階 文官的禮服（五位以上）

TPO 元旦朝賀・五位以上

正式度 ★★★★★

依身分與位階不同，頭上所戴的「禮冠」的玉飾與形式也有細膩的區分。身穿垂領（※1）的「大袖」與上領的「小袖」。上述的色彩都是依官階決定的「當色」（參照第18頁）。下半身穿表袴，再配上有皺褶的褶。

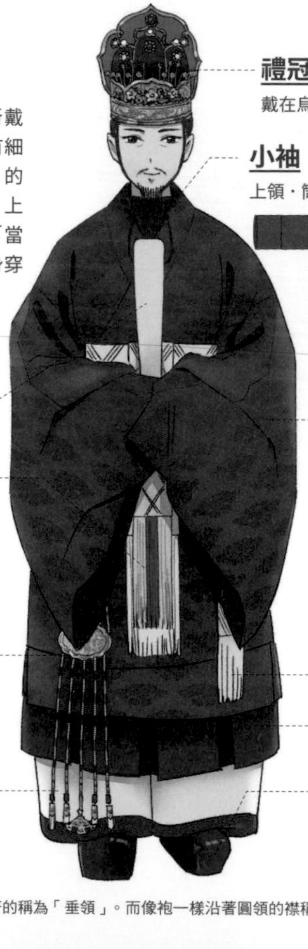

禮冠
戴在烏帽子之上。

小袖
上領・筒袖的小袖。

牙笏

大袖
從養老3年（719年）開始，從左前（右襟在上）轉為右前（左襟在上）的右衽。

條帶
腰部會繫上條帶，而稱作「綬」的平紐帶是綁在胸前並垂下。

玉佩
官階三位以上者會佩帶玉珮，和天皇不同的是文官的玉佩只會佩帶在右側。

綬

褶

表袴

舃（鼻高沓）

※1 與現代和服相同，襟以Ｖ字穿著的稱為「垂領」。而像袍一樣沿著圓領的襟稱為「上領」。

最華麗的禮服 武官的禮服（近衛大將）

武禮冠

到了平安時代，近衛府的大將・次將、衛門府的督佐（長官・次官）會頭戴「武禮冠」，身著「將軍帶」。

闕腋袍

武官穿著的袍是腋下兩側不會縫合的形式。

裲襠

棉質，無袖的貫頭衣。

表袴

袴的下襬會塞進韡裡。

韡

在牛皮上塗漆的儀禮用鞋。裡面會穿上襪。

TPO 元旦朝賀・近衛大將

正式度 ★★★★★

武官的禮服在律令上有一定程度的規定，也就是在平常戴的冠與闕腋袍之上，要再套上「裲襠」。到了平安時代，禮服又變得更加華美（※2）。

華麗且輕巧 武官的禮服（近衛次將）

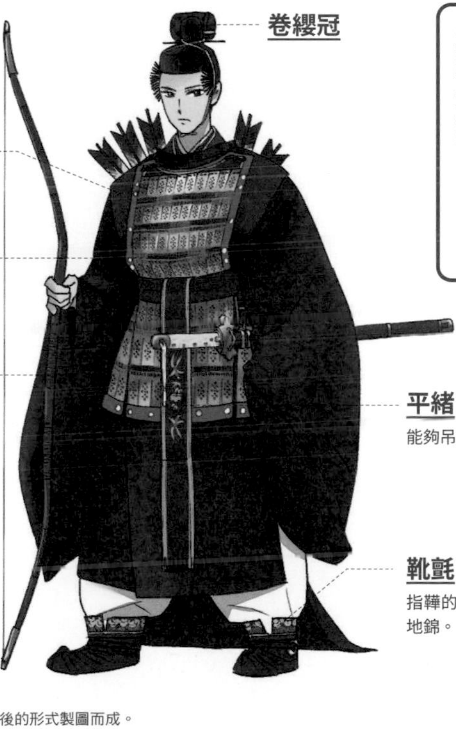

卷纓冠

肩當

挂甲

在牛皮縫上貼滿金箔的小札（甲片）製成。

闕腋袍

平緒

能夠吊掛太刀的腰帶。

靴氈

指韡的上部。大多使用赤地錦。

TPO 元旦朝賀・近衛中將、少將

正式度 ★★★★★

在武官之中，侍奉天皇的近衛次將（中・少將）會身著加重武裝的禮服，並加上金碧輝煌的「挂甲」（※2）。

※2 以江戶時代參考中國圖例考據復原後的形式製圖而成。

文官・武官

制度整備與勤務服的起源

朝服是官吏們上朝工作時所穿的服裝，也就是日常的勤務服。朝服是學習唐代制度的服裝，頭上會戴稱作「幞頭」或是「頭巾」的冠，穿著合身的上衣「袍」與白色的「表袴」。袍的顏色是依位階而定，因此也稱為「位袍」，官階五位以上，位袍上會有文樣，六位以下則是無文。

養老3年（719年）以後，為了端正威儀，官吏們的右手會持「笏」。依照律令的規定，五位以上持象牙笏，六位以下持木製的笏，但是在日本取得象牙不易，因此後來的朝服，所有人都是持木笏。另外無位者的勤務服・制服是與朝服相似的衣服，袍色為黃色。

勤務服的起源 文官的朝服（有位者）

縫腋袍

袍的色彩是依位階而異的「位當色」。五位以上有文，六位以下無文。

垂纓冠

文官不會有劇烈的動作，纓是垂在腦後。

笏

律令規定五位以上要持象牙笏。

横刀的緒

平緒

襴

兩側有皺褶的入襴形式。

TPO 全年・出勤時・有位者

正式度 ★★★★☆

身為一般官吏的文官，身上所穿的朝服是腋下兩側部分有縫合的「縫腋袍」。冠是以長方形的絹布貼著額頭，將兩邊的角綁在頭頂紮成的髻的後面，使之自然垂下，剩下兩邊的角拉到髻的前面打結。

◘律令的位當色（養老律令制定時）

位階・身分	當色
天皇	白？
皇太子	黃丹
正・從一位	深紫
正・從二位	淺紫
正・從三位	淺紫
正・從四位（上下）	深緋
正・從五位（上下）	淺緋
正・從六位（上下）	深綠
正・從七位（上下）	淺綠
正・從八位（上下）	深縹
大・小初位（上下）	淺縹
無位	黃

五位以上為貴族，三位以上則為公卿。太政大臣、左右大臣與大納言等相當於三位以上。

以方便活動為優先考量 武官的朝服（有位者）

卷纓冠
老懸的繩子在下巴處打結固定。纓的部分往上捲起，更方便活動。

闕腋袍
腋下的部分沒有縫合，以方便活動為優先而設計的袍。在重視裝飾性的平安時代以後，後身的下襬設計得比前身更長。

笏
律令規定六位以下要持木製的笏。

半臂
穿在袍下的胴服。兩側有皺褶，方便活動。

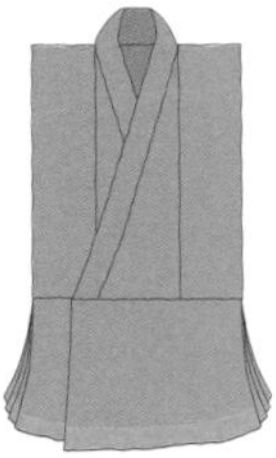

橫刀的緒
軍人的象徵，寬版的組紐帶可用於佩帶橫刀。

橫刀

平緒

白袴

烏皮履
皮製塗黑漆的鞋子。之後變化爲淺沓。

TPO 全年・出勤時・有位者
正式度 ★★★★☆

有軍事・警察任務在身的武官所穿的朝服，所有的設計都是以活動性為優先考量。為了讓腳可以大幅度活動，袍使用腋下兩側部分沒有縫合的「闕腋袍」，也稱作「位襖」。垂在冠後面的部分（纓）也為了避免干擾動作而往上捲起。

朝服的源流 胡服

胡服

關於朝服的由來——胡服，有這麼一段故事。古代中國的趙武靈王深受邊境的騎馬民族「胡」所苦，於是靈機一動學習胡人的服裝與騎馬射擊的技術，因而戰勝胡人並擴充國土。之後合身、圓領且活動性高的胡服也被用於中國的官服，進而被日本學習並作為「朝服」。

奈良～平安初期　女官

建立女性服飾制度與裝束隆盛的萌芽

女性的服飾制度與男性的服飾制度不一樣，並沒有記載在《日本書紀》等正史中，而是在《養老令》的衣服令中首次明文記載。女性裝束與男性裝束一樣，都是直接引用中國唐代的制度。衣服顏色是由律令中衣服令所訂定的當色決定，一位是深紫，二、三位是淺紫，四位是深緋，五位是淺緋，與男性的規定（參照第18頁）完全相同。

穿上纐纈染（※）的裙或是褶，再繫上紕帶，從正倉院寶物的女性像等可以推測，當時的女性還會在肩上披著像是披肩的「領巾」。這樣的打扮讓人聯想到《浦島太郎》裡「乙姬公主」的唐風裝束。到了8世紀的天平時代，還會再加穿一件沒有袖子的短衣「背子」。

唐朝傳來的乙姬公主風 女性的禮服（五位以上）

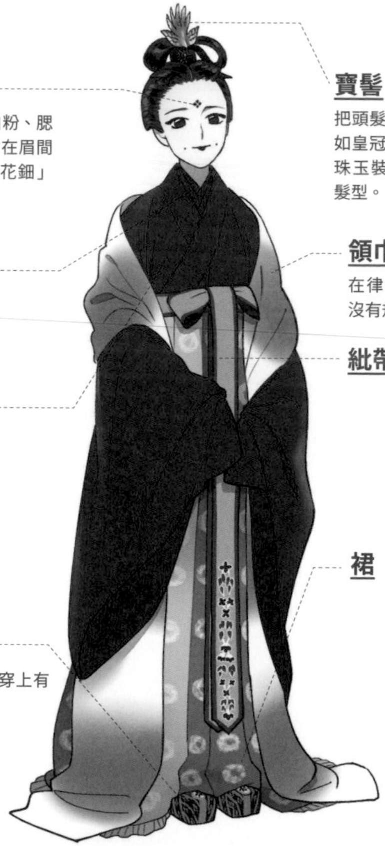

寶髻
把頭髮往上梳，再戴上有如皇冠一般，上面有金銀珠玉裝飾的「玉寶髻」的髮型。
花鈿
化妝時除了會施白粉、腮紅與口紅外，還會在眉間與嘴角點上稱為「花鈿」的紅點。
內衣（小袖）
領巾
在律令的「衣服令」中並沒有規定。
紕帶
衣（大袖）
裙
舄
腳上會套錦襪，再穿上有金銀裝飾的舄。

TPO 元旦朝賀・內命婦（五位以上）

正式度 ★★★★★

位階五位以上的內命婦（女官），只有在正月初一、大祀大嘗的「朝賀」時會穿著禮服。上衣與男性禮服（參照第16頁）的形式相同，還會再加上紕帶、褶與纈裙。

※日本在奈良時代左右傳入，絞染（綁染）的一種。

女性的朝服（有位者）

簡單素雅卻又優美的穿著

TPO 全年・出勤時・有位者

正式度 ★★★★☆

朝服就是禮服去掉寶髻與褶，穿上烏皮履取代舄，這就是女性日常的朝廷勤務服。另外，無位宮人的勤務服「制服」的形式也與朝服一樣。在制服的色彩方面，男性的制服規定使用黃色，而女性則可自由選擇深綠以下的顏色，就連最上位的紫色，只要是淺色都被許可。再者，就算本人是無位者，只要父親是五位以上，就可使用父親的位當色以下的顏色。

義髻
初位以上、六位以下會在頭上戴稱作「義髻」的假髮。
內衣（小袖）
衣的胸紐
背子
之後會演化為唐衣（參照第30頁）。
衣（大袖）
領巾
紕帶
裙
記有「衣服令」註釋等的《撰塵裝束抄》中有記載「先穿褶，外面再套上纈裙」。
褶
雖然律令的「衣服令」規定「拿掉禮服的褶」，但圖中這位很有可能是當時的女神像。據推測，裙、褶與裳一樣都是圍裹裙的形式。
鼻高沓
律令的「衣服令」中規定使用烏皮履。

專欄〈1〉

女性天皇的裝束

後櫻町天皇的禮服

寶曆12年（1762年）時桃園天皇駕崩，當時的皇子還很年幼，因此先讓天皇的姐姐後櫻町天皇即位。禮服使用白色布料製作，以男性禮服為底再加上縝纈裳。

推古天皇為日本最早的女帝。之後有飛鳥時代的皇極（齊明）・持統天皇、奈良時代的元明・元正・孝謙（稱德）天皇，但是關於裝束的規範卻沒有明文記載。從正倉院寶物與平安時代撰寫的有職書《西宮記》中記述的「女帝御裝束，皆白」，可以推想女帝裝束可能是白色版的男性天皇禮服。

到了江戶時代，在德川將軍家的授意下，明正天皇即位，女帝再次復活。那時雖然有穿著禮服舉辦即位禮，但是畢竟從上次孝謙（稱德）天皇以來已過了約900年，關於女帝禮服的考據只能從正倉院寶物得知，於是從各種文獻資料中進行推敲考察。之後參考正倉院寶物與《西宮記》，重新設計了沒有刺繡文樣的白色生絹禮服。但是此套禮服後來也因火災燒毀，之後的後櫻町天皇便重新選用白綾禮服。這套禮服也沒有刺繡文樣。但是有挪用御牙笏、玉佩、綬等原本是男性天皇所使用的古物。

第2章

平安時代的裝束

平安10世紀左右 天皇

從唐風全盛期到國風文化的時代

寬平6年（894年）廢止遣唐使，延喜7年（907年）唐朝滅亡。到了這個時候日本的文化已趨成熟，9世紀的唐風全盛時代也宣告結束。重視日本的氣候風土與民族性的國風文化時代隨之來臨。原本參考胡服（參照第19頁）所改良的裝束，也變成更為寬鬆舒適的形式。

仁和3年（887年）藤原基經成為宇多天皇的關白之後，天皇的角色漸漸只剩下承認關白以下的決定事項而已。也就是所謂的「攝關政治」。從這時開始，天皇的日常服裝變成只有披著長直衣袍，腰部沒有用帶束緊的「御引直衣」。有時候也會看見天皇只套著垂領大袿（※）的身姿。

寬鬆地套在身上

御下直衣（天皇）

TPO 全年・日常服・天皇

正式度 ★★☆☆☆

引直衣為輕鬆的日常服裝，是把直衣披掛在身上，剛開始稱作「下直衣」。後來由於下襬拉長，就改稱為「引直衣」了。

垂纓冠
一直到平安時代中期為止，都還是頭戴奈良時代的頭巾形式的冠。
直衣
下直衣和引直衣與縫腋袍的形式（參照第8頁）相同，不過直衣的特徵是長度很長。腰部沒有收束，只有披掛在身上。
紅長袴
脇息

※製作得較為寬鬆的袿（內衣的一種。參照第32頁）。

御引直衣（夏）（天皇）

稍微正式一點

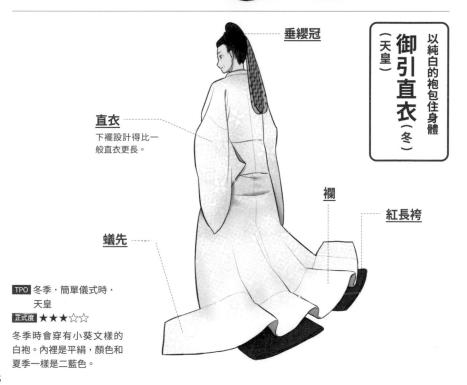

TPO 夏季・簡單儀式時・天皇

正式度 ★★★☆☆

在10世紀左右之前，御引直衣都是比較不正式的穿著，到了12世紀，變成會收束腰部，下襬也拉長，成為舉行簡單儀式時可以穿著的裝束。

垂纓冠
欄
蟻先
紅長袴

直衣

夏季時袍的文樣與臣下一樣，都是二藍色的三重襷文樣。腰部會稍微收束。

御引直衣（冬）（天皇）

以純白的袍包住身體

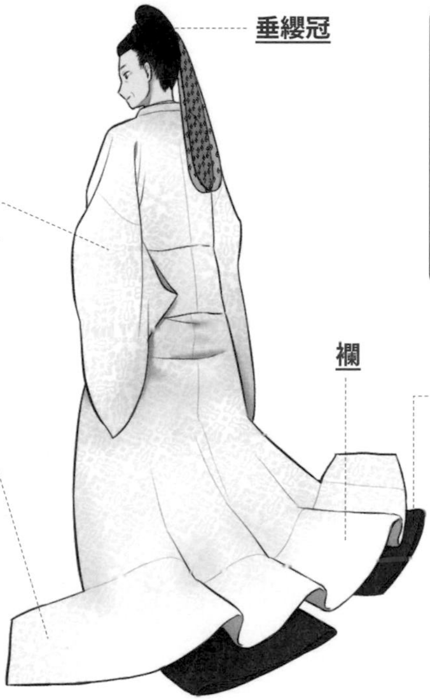
垂纓冠
欄
紅長袴
蟻先

直衣

下襬設計得比一般直衣更長。

TPO 冬季・簡單儀式時・天皇

正式度 ★★★☆☆

冬季時會穿有小葵文樣的白袍。內裡是平絹，顏色和夏季一樣是二藍色。

平安10世紀左右　有位者・貴族

與攝關政治一同變化的裝束

到了攝關政治的時代，藤原氏一族占據了多數的公卿階級。政治會議也變得像是親戚間私下的聚會，比起律令上的「位階」，更加重視與天皇間的親疏關係，也就是比較重視稱作「殿上人」的立場。原本天皇處理政務都是坐在大極殿的椅子上，這時卻改為在天皇的私邸，也就是清涼殿的殿上之間，脫掉鞋子坐在地上處理政務。

既然勤務方式改成直接坐在地上，那麼穿合身的「朝服」（參照第18頁）便會感到有些拘束，因此裝束也漸漸設計得更寬鬆、更舒適。而且也不叫朝服，改稱「束帶」。

從立禮改為座禮的裝束 束帶（有位者）

垂纓冠
笏
縫腋袍
原本當色的使用必須遵照律令的規定（參照第18頁），但是到了8世紀，淺紫的二位大臣也可以穿著「中紫」，到了弘仁元年（810年），「深紫」也被許可。在袍之上會以皮製的石帶繫住腰部（參照第58、64頁）。
下襲的裾
官職越上位者，裾越長。
襴（入襴）
韡
表袴

TPO 全年・出勤時・有位者

正式度 ★★★★☆

由律令的「朝服」變化而來的朝廷勤務服「束帶」。束帶的名稱是由於會以石帶束緊裝束之故。從9世紀開始變寬大的袖口又更進一步，身幅（身頃的寬度）也變得更大。

上級貴族的日常服
直衣（上級貴族）

TPO 全年・日常服・上級貴族

正式度 ★★☆☆☆

直衣不像位袍是以位階來決定當色，而是可以自由選擇袍色的上級貴族的日常服。但是與天皇間的親疏關係變得重要後，便產生只要有天皇的許可，就可以直衣配上冠的裝束進宮參謁天皇的制度。於是直衣配冠成為了菁英的象徵，對於上級貴族來說，只能以位袍的束帶參謁天皇反而很沒面子，也有人因此拒絕出仕。

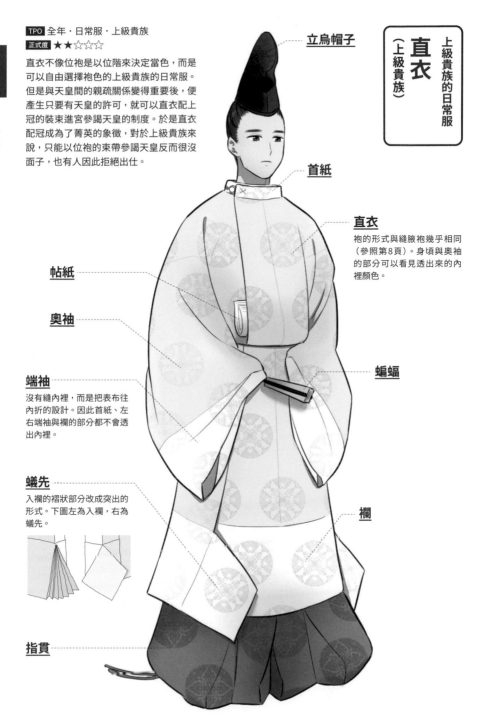

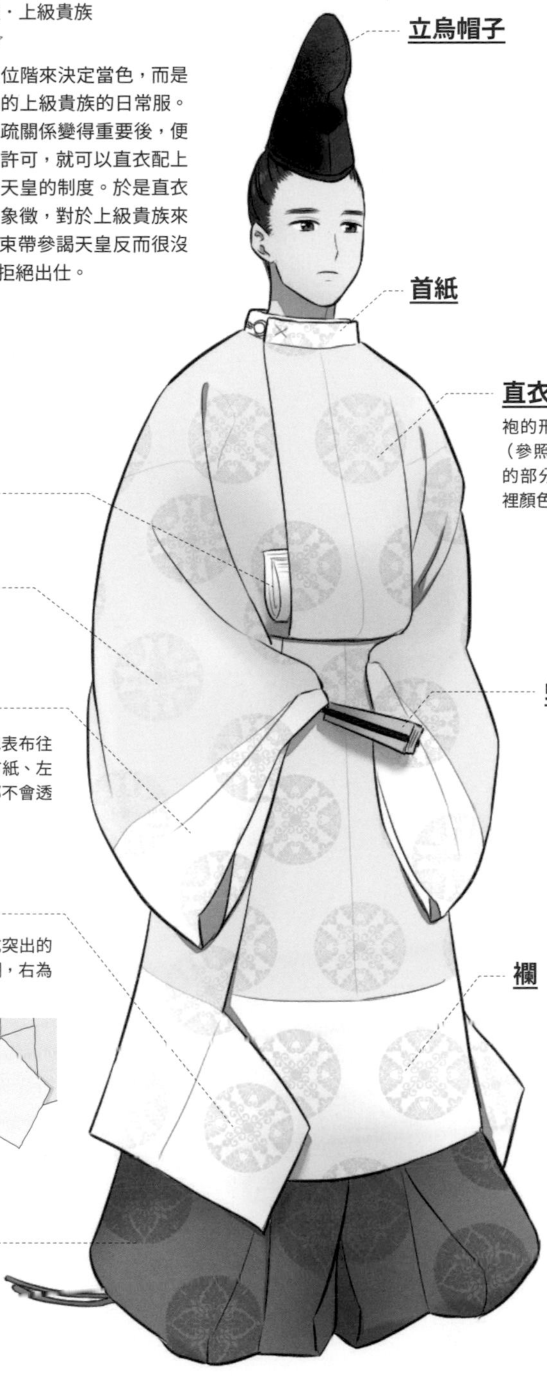
立烏帽子
首紙
直衣
袍的形式與縫腋袍幾乎相同（參照第8頁）。身頃與奧袖的部分可以看見透出來的內裡顏色。
帖紙
奧袖
蝙蝠
端袖
沒有縫內裡，而是把表布往內折的設計。因此首紙、左右端袖與襴的部分都不會透出內裡。
蟻先
入襴的褶狀部分改成突出的形式。下圖左為入襴，右為蟻先。
襴
指貫

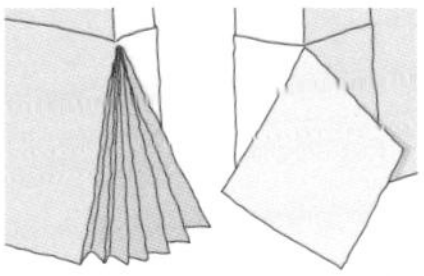

平安10世紀左右 男性

保存在繪卷裡的各式召具裝束

對於無位無官的僕役的服裝，鮮少有明確的規定，他們的工作似乎要應付各式各樣的情境、場合，實際情況並不清楚。但是從繪卷中可以大致猜想出他們的樣子。他們幾乎都是穿著狩衣（參照第37頁）形式的裝束，也可總稱為「召具裝束」。執行公務的僕役穿著的並非像狩衣那樣肩膀沒有縫合的裝束，大多是像闕腋袍（參照第8頁）那樣肩膀有縫合的衣著，稱為「布衫」。「布」是指麻製，「衫」指的是闕腋袍。也就是說相等於身頃1巾的闕腋袍（一般的闕腋袍為2巾）。

這些裝束的名稱後來演變為代指穿著這些裝束的職務或身分的專有名詞。

上級公卿的僕役服

退紅（無位無官）

立烏帽子

雖然立烏帽子是高位者戴的帽子，但是侍奉高位者的僕役也會戴立烏帽子。

牛車

退紅

淡紅色，也寫作「桃染」。穿著此色布衣或布衫的下人也被稱作「退紅」。

雨皮

牛車的防水布。將紫蘇油塗在縹色的絹布上以提升防水性。負責拿雨皮的人必定是退紅。

小袴

長度到腳踝的袴稱為「小袴」，把小袴往上拉至膝蓋的穿法稱為「上括」，較方便活動。

草鞋

在庶民幾乎都是赤腳的時代，草鞋也算的上是一種高級的鞋。

TPO 全年・出勤時・無位無官

正式度 ★★★☆☆

「退紅」是一種色彩的名稱，指顏色很淡，像是褪色一樣的紅染色。退紅的身分比上下穿著白色的「白張」更高，本來是親王或大臣的僕役穿的。另外，替上級公卿拿傘、拿沓的僕役也會穿著退紅。

飼育人員的裝束
居飼
（無位無官）

立烏帽子
牛車
退紅（桃染衫）
居飼
黑小袴
草鞋

立烏帽子

牛車

退紅（桃染衫）
通常肩膀部分有縫合的是「衫」，而沒有縫合的稱作「布衣」。

居飼
除了在隊伍中跟在牛隻旁邊進行照顧，也會負責管理交通等各種雜務。

黑小袴

草鞋

TPO 全年・出勤時・無位無官
正式度 ★★★☆☆

負責飼養拉牛車的牛與馬等動物的人稱為「居飼」。他們穿的上衣是退紅，但袴是黑色的。可能是這樣的裝束令人印象深刻，甚至流傳到後世，江戶時代的御三家以束帶、衣冠姿態登城時，下人也是著居飼裝束替其拿傘、拿沓。

負責雜務的純白服裝
白張
（無位無官）

立烏帽子
白張
松明
小袴
草鞋

立烏帽子

白張
以漿糊與胡粉漿過，使衣服變得硬挺，由於看起來很像樹，因此也稱作「如木」。白張與如木是下級僕役的別名。

松明

小袴
小袴與上衣都是使用白色麻布製成，拉至膝下固定。

草鞋

TPO 全年・出勤時・無位無官
正式度 ★★★☆☆

在麻布製的狩衣上施以胡粉（※）進行粉張（使布料顏色更鮮豔更白的一種加工方式），因此被稱作「白張」。穿白張工作的人也稱作「白丁」，他們負責替公家拿傘、拿沓、拿松明（火炬），也會負責車副（跟在牛車左右的隨從）等其他雜務。

※以貝殼粉末為原料製作的白色顏料。

平安10世紀左右　女性

從唐風到國風　十二單的誕生

從像是《浦島太郎》裡「乙姬公主」般的唐風女性裝束，到稱作「十二單」的國風裝束，究竟是何時又是基於何種原因改變的，我們並不清楚。在《枕草子》中有描寫把頭髮往上紮起並插上梳篦的場景，而《紫式部日記》中以「特殊」來形容那樣的服裝，因此可以猜想在那個時期，裝束已經開始發生變化。

「前一代的平服是下一代的禮裝」，這是古今東西普遍的時尚演變定律。清少納言時代的日常服成為了紫式部時代的禮裝。但是，平安時代中期的裝束實際上是何種樣貌，因為沒有任何繪畫資料存在，所以真實的樣貌還有許多未知的部分。

古代風的正裝　物具裝束

寶髻
把頭髮往上紮成髮髻，再戴上有如皇冠的頭飾。
唐衣的襟
把襟反折，因此可以看見內裡的顏色。
領巾
奈良時代到平安時代，還能看見唐風裝束留下的痕跡。
衵扇
時而掩面，時而在舞蹈中增添風情並助興的小道具。
唐衣
穿在最外面的衣服。以中國風的短衣「背子」改良而成。
表著
五衣
單
裳
覆蓋下半身的裙，屬於前面打開，後面有長襬形式的裳。
裙帶
唐風裝束留下的痕跡。垂在裳左右兩側的裝飾帶子。
紅長袴
裳的前面會分開，可以看到裡面的袴，以紅色為原則。

TPO 隆重儀式時

正式度 ★★★★★

當10世紀末女性的裝束改為「女房裝束」後，頭髮往上紮起、插上梳篦，身著裙帶、領巾等唐風的古式裝束就被稱為「物具裝束」，這變成只有在天皇陪膳與重要儀式時才會穿著的特別裝束。在《年中行事繪卷》的內宴場面中，可見舞妓頭上有寶髻裝飾，並身穿採用古式絞染而成的「纐纈之裳」。

TPO 全年・出勤時

正式度 ★★★★☆

從唐風到國風 女房裝束

穿上好幾層衣，從後腰繫上裳，再披掛著唐衣的裝束，這就是所謂的「十二單」，在當時被稱作「女房裝束」。因為這是在攝關政治的時代，侍奉后妃的侍女「女房」們的打扮。在《枕草子》中有描寫女房慌慌張張穿著裳與唐衣為天皇出門送行的場景。也就是說女房裝束是要見天皇此一貴人時所穿的服飾，后妃只有在天皇面前才會如此穿著。

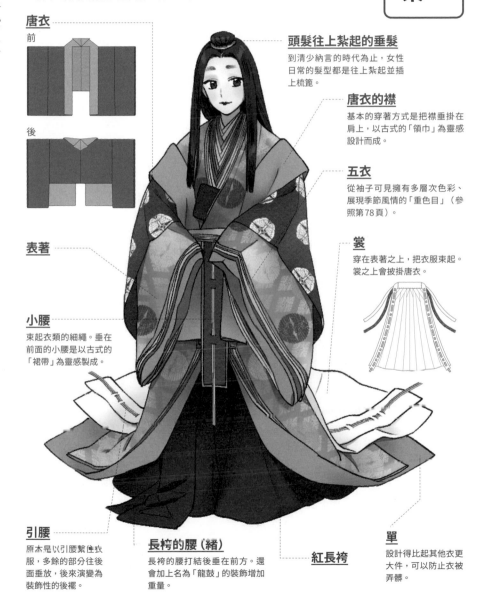

唐衣

前

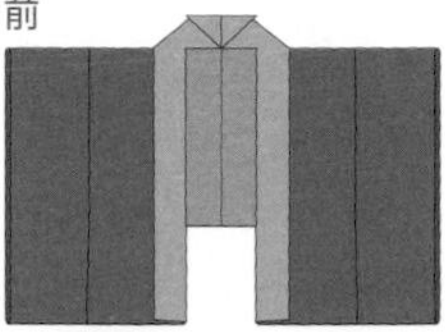

後

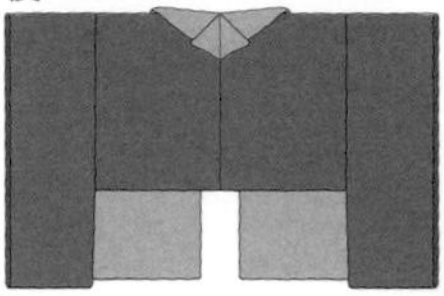

頭髮往上紮起的垂髮

到清少納言的時代為止，女性日常的髮型都是往上紮起並插上梳篦。

唐衣的襟

基本的穿著方式是把襟垂掛在肩上，以古式的「領巾」為靈感設計而成。

五衣

從袖子可見擁有多層次色彩、展現季節風情的「重色目」（參照第78頁）。

裳

穿在表著之上，把衣服束起。裳之上會披掛唐衣。

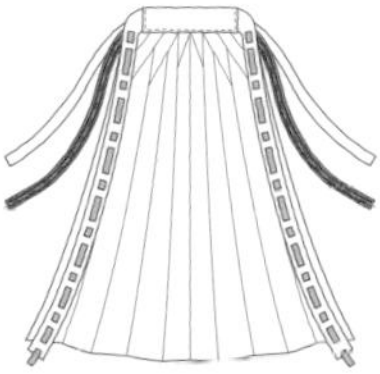

表著

小腰

束起衣類的細繩。垂在前面的小腰是以古式的「裙帶」為靈感製成。

引腰

原本是以引腰繫住衣服，多餘的部分往後面垂放，後來演變為裝飾性的後襬。

長袴的腰（緒）

長袴的腰打結後垂在前方。還會加上名為「龍鼓」的裝飾增加重量。

紅長袴

單

設計得比起其他衣更大件，可以防止衣被弄髒。

平安10世紀左右 女性

多采多姿的文樣融入日常生活中

相對於女房裝束（參照第31頁）是侍女、女房執行勤務時的服裝，后妃等身分較高的女性出現在人前時，穿著的是「小袿」。小袿的長度比穿在裡面的袿還要短，這種長度稱為對丈（站立時剛好到地板的長度）。《紫式部日記繪卷》中有提到穿著女房裝束的母親源倫子，以及坐在她對面的女兒中宮彰子穿著小袿的樣子，兩人的關係可見一斑。

女房的日常服有「衣袴」與「袿袴」，在袴之上還會穿好幾層的衣與袿。在10世紀時還沒有把小袖當成貼身衣物穿，而是在裸身的狀態下穿上袴，把單當作貼身衣物，外面再套上幾層衣的簡單姿態。

小袿

豪華且小巧的上衣

小袿

因為是穿在最外面、最醒目的衣服，身分較高的女性所穿的小袿會設計得比衣和其他的袿更加豪華。

垂髮

從紫式部的時代開始，平常並不會把頭髮紮起，而是改為自然披肩的髮型。

檜扇

袿

改變袿只是「穿在裡面的衣服」的印象。可以欣賞好幾件袿交疊形成的「重色目」（參照第78頁）。

單

紅長袴

小袿的下襬

比其他袿的下襬更短，所以稱為「小袿」。

TPO 全年・日常服

正式度 ★★★☆☆

如同文字所述，長度比較短的袿就是「小袿」。小袿與唐衣一樣都是穿在最外層的衣類，所以原則上不會在小袿外面再加一件唐衣。規則就是「穿唐衣時不穿小袿，穿小袿時不穿唐衣」。

衣袴姿

構造簡單，色彩多樣

袿

很常出現在《源氏物語繪卷》與《伴大納言繪卷》等。可以欣賞衣在多層交疊下顯現的「重色目」。

脇息
紅長袴
單

TPO 全年・日常服

正式度 ★★☆☆☆

「衣」與「袿」在使用上幾乎是相同的意思。袿這個字的來源是「日常服」或「打掛」等等，有許多種說法，不論如何，袿就是可以套在外面，不需要用帶繫住的簡單衣類。

單袴姿

夏季居家服

紅長袴

單

11世紀左右開始會把小袖當成貼身衣物穿，在此之前都是穿著單當作貼身衣物。只穿著單的話，布料會透出上半身。

TPO 夏季・日常服

正式度 ★☆☆☆☆

炎熱的夏季，不可能穿著好幾層衣，因此私底下只會套一件單作為貼身衣物，也就是單袴姿。單袴姿也曾出現在《枕草子》、《源氏物語》及《換身物語》等作品當中，就算在當時，對男性來說也是較為煽情的一種穿著，一般來說是不檢點的打扮。

專欄〈2〉

天皇的冠

平安時代中期的有職書《西宮記》中，對於天皇戴的冠記述如下：「天皇即位、元旦朝拜的朝堂儀式用冕冠。女帝戴寶冠，舉行成人儀式的元服禮前，童帝戴日形冠」。

「冕冠」是成人男性天皇所戴的禮冠，頭頂有一片四角形的板子，上面垂有「旒」的形式。一般猜想冕冠的造型應該是模仿中國唐代的皇帝，我們對於冕冠的古式造型也只能靠想像，現存只有江戶時代重製的御西天皇的冕冠（參照第15頁）。

女帝不戴冠，因此改用只有金屬框架的「寶冠」。雖然我們不清楚古代「寶冠」的造型為何，但是現存的後櫻町天皇的寶冠，在江戶時代是經過考證後製作而成。

元服前的童帝也不戴冠，所以是戴跟女帝的寶冠相似的「日形冠」。雖然現存有江戶時代製作的中御門天皇的日形冠，但是無法確定古式冠的重現程度有多高。

寶冠

關於古代寶冠的形式還有許多不明之處，寶曆12年（1762年）後櫻町天皇即位時有重製寶冠（參照第22頁）。

日形冠

元服前的童帝不結髮髻，只會在左右兩邊紮「角髮」，冠的造型也是配合角髮設計而成。現存有中御門天皇的御物。

專欄〈3〉

冠的變遷

〈傳聖德太子像〉可說是奈良時代初期的經典裝束造型，當中的冠是古代中國稱作「頭巾」或「幞頭」的柔軟帽子。冠是以塗上漆的薄絹「紗」製成，四個角打結後固定在頭部。在後腦勺打結後剩下的部分就長長地垂在後面，多年後則發展成「纓」。在平安時代中期以前都是這種形式，最後演變成更高的「巾子」，會把髮髻套在裡面。《徒然草》中形容「此時的冠變得比以前高很多」，之後巾子又變得更大。室町時代會把鯨鬚等插進纓的內部，做出高挺彎曲的樣子。

到了江戶時代，冠變得很小。以和紙重疊貼合的「張貫」製法塑形，再貼上羅或紗，最後上漆就成為硬質的冠。另外，因為之後的髮型發展為月代頭，所以還需要懸緒才能固定在頭部。明治時代以後冠又再度大型化，需要用懸緒固定在頭部。

奈良時代～平安時代中期

用木製的巾子套在髮髻上，再用絹質的紗布蓋在頭上並打結。屬於柔軟且貼合頭部的形式。

平安時代中期～室町時代

巾子與冠一體化。使用簪子插入髻中固定。受到強裝束（參照第48頁）的影響，因此會用漆增加硬度。

江戶時代

冠小型化，會以懸緒打結固定。冠以張貫製法製作，懸緒除了使用紙捻，衣冠也會用組紐。

明治時代以後

冠又再度大型化。使用懸緒固定在頭部。懸緒原則上是用紙製的紙捻。

平安11世紀左右

貴族

極盡奢華的貴族們的穿著

長保2年（1000年），藤原彰子成為中宮，她的父親藤原道長變成支配政界的重要人物。之後藤原道長曾吟詠和歌「此世即吾世」，代表自己來到攝關政治的頂點，以及王朝文化的繁榮興盛。上級貴族享受榮華富貴的生活，裝束則邁向國風化，風格更加慵懶奢華。

另一方面，藤原道長以無視前例的專橫態度聞名，因此他也不在意打破舊有的裝束規定。貴族經常把前朝的日常服當作正式的服裝，穿著「直衣」參謁天皇的情況也比以前常見。從這個時期開始，原本作為戶外運動服穿的「狩衣」，改為日常服使用的情形也變多了。

從日常服變成謁見服 直衣（上級貴族）

TPO 全年・日常服或是出勤時的服裝・上級貴族

正式度 ★★★☆☆

上級貴族平常穿著直衣。因為可以無視位當色自由選擇色彩，所以也稱為「雜袍」而不是「位袍」。不過由於得到天皇許可而穿著「冠直衣」參謁天皇的情況變多，因此色彩也有一定程度的規範。

立烏帽子

作為便服時會頭戴立烏帽子，但是謁見天皇時會改為戴冠形式的「冠直衣」。

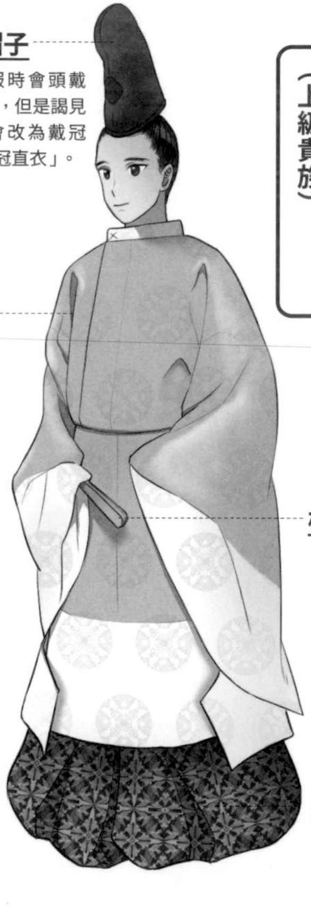

檜扇
指貫

直衣

冬天為白色的浮線綾（臥蝶丸）文樣，夏天為二藍色的三重襷文樣，此為固定的規範。不過就算都是二藍色，在規定上，越年輕的人顏色越偏紅偏深（圖左側），年紀越大者則越淡（圖右側）。

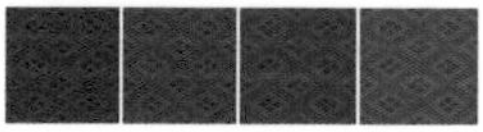

✪平安時代中期以後的位當色

身分・位階	當色	文樣
天皇	黃櫨染	桐竹鳳凰麒麟
皇太子	黃丹	窠中鴛鴦
上皇	紅	窠中桐竹、菊唐草等
親王	黑	雲鶴等
太閤	黑	雲鶴等
攝政・關白	黑	雲立涌
一位～四位	黑	有文
五位	深緋	有文
六位藏人	麴塵	尾長鳥牡丹唐草
六位以下	深縹	無文

藤原道長愛用的外出服
狩衣（中・下級貴族）

TPO 全年・鷹狩時或是日常服・中～下級貴族

正式度 ★★☆☆☆

一如其名，這是鷹狩（馴養老鷹進行打獵的活動）時所穿的衣服，因為狩衣適合從事活動時穿著，所以中級以下的貴族也會將其當作日常服。原本是以布（麻的意思）製成的衣服，所以稱作「布衣」，而貴族們穿的衣服改用絹製作，並改稱「狩衣」。上級貴族原本並不會穿狩衣，但是在藤原道長外出時穿著狩衣後，上級貴族也相繼效仿，於是慢慢就變成外出服了。

狩衣

袖只有縫在後身上，便於活動的形式。
前身與後身的腋下部分也沒有縫合。

袖括的緒

從事鷹狩活動時為了不要讓袖妨礙活動，因此用緒來縮緊袖。依照年齡與身分地位的不同，緒的寬度也各異。但是地下（不得昇殿的六位以下的官人）只能用左右縒。

✪袖括的緒的種類

種類	年齡	特徵
置括	15歲以下	 華麗的裝飾結
薄平	34、35歲左右為止	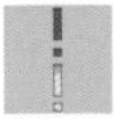 紫綾等薄且平的帶子
厚細	40多歲	 黃綾等厚且細的帶子
左右縒	50多歲	 2條白色的紐帶並列
籠括	60多歲	 緒從袖的內裡穿出，只有露先的部分在外

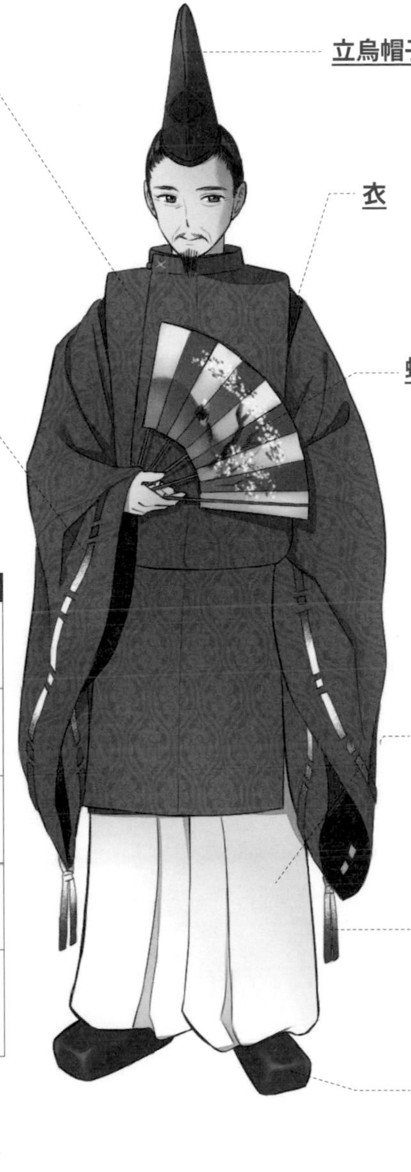

立烏帽子
衣
蝙蝠
狩袴
比指貫更為合身的袴。
露先
袖括的緒打結後多出的部分。
淺沓

平安11世紀左右

文官・武官

互比行頭 邁向雅的時代

藤原道長性喜奢華，但是另一方面，身為國政負責人的他有義務倡導節儉，也多次頒布禁奢令。特別是在裝束的尺寸部分，尺寸不得過大，袖丈也有限制。

不過，身為國政首領的藤原道長本身過著錦衣玉食的生活，禁奢令推廣不易，貴族們也有互相比較、炫耀奢華的傾向。冠原本是柔軟的「頭巾」，推測是從這個時代開始塗漆使其硬化，並把巾子加高。

另外，位當色在這個時代也有極大的改變，區分為3類：四位以上為黑色，五位是深緋，六位以下為深縹（參照第36頁）。

勤務服的完成形 文官的束帶（有位者）

TPO 全年・出勤時・有位者

正式度 ★★★★☆

隨著奢華度提升，束帶變為寬鬆的袍，依舊是朝廷中的勤務服。形式上比較大的改變是，襴的左右多出蟻先的部分。除了一部分的例外，這個慣例一直延續到江戶時代末期為止。

垂纓冠
「纓」垂在後面。

縫腋袍（位袍）
腋下部分有縫合的一般袍。黑色是四位以上的當色，此圖的文樣為輪無唐草。

首紙
在室町時代之前，襟都是收緊的形式，看不見內衣（半臂、下襲、衵、單等）。

下襲的裾
隨著時代變長。公卿的綾布會織上「臥蝶丸」的文樣。

笏
只有在穿著束帶時會持笏。會用各種材質製作笏，木製的稱為「板目」。

襴
「襴」是橫向拼接在下襬的部分，有襴的衣類都比較高級。檢非違使或六位以下的官人都還是穿著蟻先有皺褶，也就是有「入襴」的袍（參照第26、27頁）。

檜扇
從可做筆記的木簡演變而來。可打開成扇狀是日本獨自衍生出的形式。

大口袴
穿在表袴之下的紅色褲子，穿著時會露出部分下襬。

表袴
公卿的表袴會帶有藤丸文樣或「窠霰」文樣。

襪
韡很硬，所以原則上穿束帶時都會穿襪。

兼具優雅與活動性 武官的束帶（四位・五位）

TPO 全年・出勤時・四位、五位

正式度 ★★★★☆

武官是從事軍事或擔任警察的官人，特別是隸屬於六衛府（※）的武官會稱為「衛府官」，被准許持弓箭。升至三位以上的公卿後，武官也會著縫腋袍。在這種情況下，武官會身著縫腋袍配上卷纓冠與緌。升上大臣兼任大將的話，便不再戴緌，弓箭也會讓隨扈攜帶，自己不需要帶弓箭。

緌
馬毛製的毛刷狀配件。關於緌的由來與用途有許多種說法，並不清楚實際的情況。

卷纓冠
為了方便活動，武官會把後面的「纓」往上捲。

闕腋袍（位襖）
為了方便活動，腋下部分不會縫合的袍也稱之為「襖」。赤（深緋）是五位的當色，四位以上的當色是黑色。

平胡籙之矢
左近衛府的矢羽根是大中黑的「鷲羽」，右近衛府的矢羽根是有細切斑的「肅慎羽」。馬寮、兵庫寮的官人中，就算是武官也不會持弓箭。

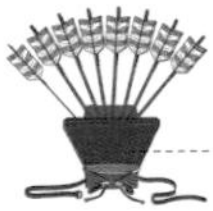
平胡籙

儀仗太刀（細太刀）
昂貴的「飾太刀」的簡略版本。鍔是採用「唐鍔」的形式，這部分與飾太刀相同。

帖紙・笏

帶取革
太刀鞘的足金物與緒相連。平緒如果是紺色的底布，帶取革就會選用藍革，革的顏色會配合平緒的種類而變化。

平緒
穿著束帶時，用來吊掛太刀的腰帶。打結後多餘的部分會垂在前方，之後垂下來的部分演變為單獨的配件，稱為「切平緒」。

半臂的襞
穿在袍下的半臂為了方便活動，兩側是做成皺褶（參照第19頁）。

儀仗用弓
施以蒔繪，並貼有稱作「樺」這種紙張的華美的弓。非實用品。

下襲的裾
穿在半臂之下的下襲的裾。身分越高者，裾越長。最後演變為與下襲分開的另一個部分。

表袴
較合身的袴。五位如果沒有被核准使用禁色的話，也不能有文樣。

鞾
唐風的牛皮製鞋子。原則上不論文官武官，束帶裝束都是搭配鞾。

忘緒
原本是半臂的帶打結後多餘的部分，之後演變為裝飾用的若隱若現的一個配件。

※負責有關警備工作的左右近衛府、左右衛門府、左右兵衛府共6府的總稱。

平安11世紀左右　文官・武官

從束帶衍生出的嶄新裝束

相對於正式的朝廷勤務服「束帶」（參照第38頁），這個時代開始發展出幾種較為休閒的裝束。「朝廷」的意思就如同字面上所示，律令規定官署的勤務時間是從清晨開始到中午結束，也就是朝型的勤務。對於照明器具還不發達的當時來說，這是理所當然的事。

不過，從11世紀左右開始，勤務時間變得比較彈性，特別是中上級貴族時常從傍晚開會到晚上，也不時有開完會便接著舉行宴會的情況。再加上勤務的形式從立禮改為座禮，因此貴族也希望除了拘束的束帶之外，在服裝上能有別種選擇。

夜間勤務用的寬鬆服裝 衣冠（宿直裝束）（有位者）

TPO 全年・出勤時（限夜間）・有位者

正式度 ★★★☆☆

為了可以應付突如其來的召集，夜間住在官署待命稱作「宿直」。沒事的時候可坐可躺，這時便可省去束帶的下襲與表袴等，改穿寬鬆的指貫代替袴。這種裝束稱作「衣冠」或「宿直裝束」，不分文官武官皆可穿著。與之相對的束帶則改稱為「晝裝束」。這個時代不允許穿著衣冠執行白天的勤務。

垂纓冠

縫腋袍（位袍）
袍背部的筥衣（格袋）在外，省略下襲、裾與石帶。

帖紙
可用來做筆記或是擤鼻涕的實用紙張。後來演變為儀禮用紙，使用硬質的紙製作。

末廣

指貫
為了讓執行宿直勤務時較為舒適，袴的寬度是表袴的2倍。年齡越大顏色越淺。

裸足
除了束帶以外不會穿襪，原則上是赤腳。

參謁之外的束帶替代品
布袴（有位者）

TPO 全年・隆重儀式時・有位者
正式度 ★★★★☆

在結婚典禮等私下的重要儀式，不適合穿著參謁天皇時的裝束「束帶」，因此便會穿著正式度次一級的「布袴」。這是把束帶穿的表袴改為指貫，不分文官武官，皆會穿著縫腋袍並頭戴垂纓冠。

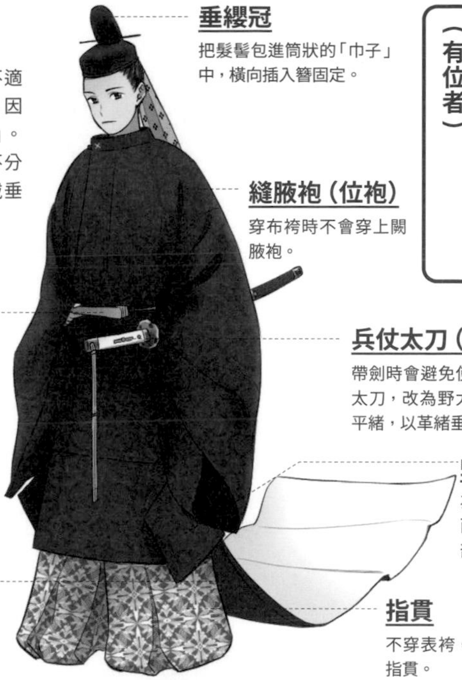

垂纓冠
把髮髻包進筒狀的「巾子」中，橫向插入簪固定。

縫腋袍（位袍）
穿布袴時不會穿上闕腋袍。

檜扇

兵仗太刀（野太刀）
帶劍時會避免使用束帶的儀仗太刀，改為野太刀。也不會用平緒，以革緒垂吊在腰間。

下襲的裾
穿著下襲，後面拖著長長的裾，以石帶束緊袍的部分與束帶完全相同。

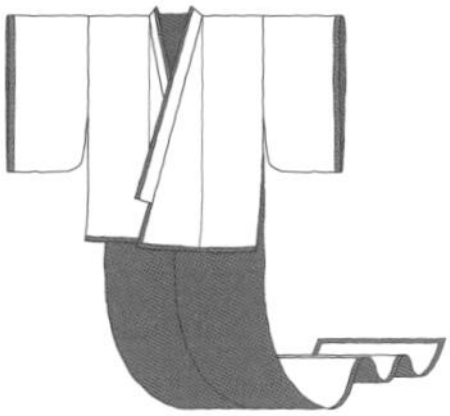

蟻先
為了步行方便，而讓襴多出來的部分。

指貫
不穿表袴，改穿次一級的指貫。

盛裝的親衛隊
褐衣（六位以下）

細纓冠
用2根塗黑的鯨鬚或是竹子插進纓壺的冠。六位以下的武官適用。

蠻繪
在天皇行幸等重要場合，親衛隊穿的袍會用墨印上稱作「蠻繪」的圓形動物文様。

闕腋袍
顏色是六位以下的當色「深縹」。

尻鞘
以毛皮製作，包住太刀的袋子。功能是保護鞘。

染分袴
越往下顏色就越深的裾濃袴，左近衛府的下襬是蘇芳色，右近衛府則是朽葉色的下襬。

TPO 全年・出勤時・六位以下
正式度 ★★★★☆

達官貴人的貼身保鑣稱作「隨身」。通常會任命近衛府等單位的下級官人擔任，大將、次將會配備隨身，大臣有時也會依天皇的命令而配備隨身。身為下級武官的隨身會穿著稱作「褐衣」的闕腋袍，之後漸漸轉變為活動性更高，身頃1巾的「衫」。

藁脛巾
以藺麻等草編成，綁在小腿上。

草鞋

平安11世紀左右

高齡・高位等

顯示出年齡與位階及特殊日子穿的裝束

平安時代的貴族們意外地很長壽。藤原道長的正室・倫子享年90歲，中宮彰子87歲，藤原賴通83歲，都很長壽。

在當時，穿著的裝束顏色必須比照年齡符合一定的規範，例如夏季直衣的顏色「二藍」，越年輕者直衣的顏色會越偏紅，顏色也更深，而隨著年齡增加，紅色調會變淡消失。50歲左右用縹，60歲是淺蔥，70歲以後用白色。而狩衣的話，40歲以上不論表布的顏色為何，內裡都是白色。高位且高齡者會穿一種稱作「宿德」的獨特裝束。

在特別的活動時會穿著「一日晴」，在這樣特殊的日子裡，不分位階與年齡都會穿著一日限定的特殊裝束。

宿德裝束

德高望重者穿的白色裝束（高位的高齡者）

TPO 全年・日常服・高位的高齡者

正式度 ★★☆☆☆

「宿德」指的是德高望重且有威嚴的人，用以稱呼大臣等位居高位的高齡者。另外，就算年紀較輕，只要是大臣兼任近衛大將等高位者也會被視為宿德。他們所穿的裝束就是宿德裝束，基調是白色，而且鮮少有文樣。

立烏帽子
脇息

檜扇（香染）

夏季時多持降溫用的「蝙蝠」，不過宿德一年四季都持檜扇。

白直衣

袍的色彩會隨著年齡增加而變淡，宿德的直衣也不會有文樣。使用練貫等柔軟的布料製作。

白指貫

與直衣一樣，顏色隨著年齡增加而變淡，宿德不會有文樣。

襪

原則上來說，束帶以外不會穿襪。但就算是束帶以外的裝束，宿德也被允許穿襪。

唐裝束
鮮豔的異國布料

TPO 重要儀式與行事時

正式度 ★★★★☆

使用從中國唐朝傳來的布料製作的「唐裝束」。在朝覲行幸（※1）或舉行最勝講（※2）時，便會穿著唐綾的表袴與下襲。當時宋國商船航行到日本的頻率增加，帶來的舶來品「唐物」相當珍貴，穿戴唐物就是上流階級的象徵。在《宇津保物語》與《榮花物語》等書中也多次被提及。

垂冠纓
身穿直衣、頭戴冠的「冠直衣」。
唐綾的直衣
在《源氏物語》中，有描述光源氏穿著「櫻之綺的唐綾」直衣，吸引眾人目光的場景。
檜扇
指貫

染裝束（公卿・殿上人）
以自由的色彩與花樣爭豔

TPO 重要儀式與行事時

正式度 ★★★★☆

在行幸、御齋會、拜賀等特別的活動時允許穿著「一日晴」，只有這天得以穿著不符合平常規定的裝束。當中最具代表性的裝束就是「染下襲」。著染裝束時可以自由選擇下襲的表布，以顏料繪製的各式圖樣會在此時爭奇鬥豔。

石帶的上手
垂纓冠
笏
卷纓冠
平胡籙之矢
石帶的本帶與平緒
染下襲的裾

通常在冬季時，下襲的正面都是白色的浮線綾（臥蝶丸）文樣，背面則為濃蘇芳色（之後為黑色），但是染布的話就可以自由描繪圖樣，就像後世的友禪染般爭奇鬥豔。在《駒競行幸繪卷》中，便有描繪各種圖樣的染下襲的裾掛在高欄上的樣子。

※1 天皇拜見上皇或皇太后的行幸之事。　※2 每年5月在清涼殿舉行的法會。

專欄〈4〉

平安～室町時代左右的女性裝束

重袙

兒童不適合穿著下襬會拖地的衣，因此穿著短袙。多層次穿著可以欣賞漸層的重色目（參照第78頁）。

紐付衣

幼兒還不會用帶綁住衣服，因此是用縫在衣上的紐（帶子）在背後打結，束緊衣物。舉行相當於現代的七五三儀式「著袴」之後，便可以從紐付衣畢業，穿著用帶束緊的衣。

在嬰幼兒死亡率很高的時代，慶祝兒童健康成長的心情遠比現代還要深刻。出生50天、100天、3歲、5歲、7歲等陽數的節日都會盛大慶祝，也會更換衣服。

幼兒期穿著縫有紐（帶子）的對丈的衣，將紐繞到身後打結，屬於很簡單的衣類。在3～6歲左右舉行「著袴」儀式之後，女孩就會開始穿袴，著袴後也會開始穿比較像女孩的衣服。

「重袙」是著袴之後較具代表性的女孩服。下襬長度不會拖到地上的衣稱作「袙」，袙是穿在袴之上的日常裝束。

而「汗衫」也會作為女孩服使用，分為「褻」（日常用）與「晴」（儀式用）2種。褻之汗衫是在切袴之上加上單與袙，最外面再披上對丈的汗衫。晴之汗衫像是「下襬很長的闕腋袍」，是舉行儀式時穿著的女孩正裝（參照第52頁）。

關於少女的正裝「細長」有諸多說法，一般來說是像「袿」一樣垂頸類型的衣，沒有衽所以寬度較窄，長度較長。在近世日本，這種形式的細長是公家少女的穿著。

在15～16歲已經大致訂下婚約時會舉行「裳著」儀式，儀式完穿上裳就代表已是成年女性。不過年輕時穿的袴、單或小袖較常使用「濃」色而不是紅色。濃是較深的蘇芳色，為接近深酒紅色的顏色。

褻之汗衫

薄衣，用帶子固定肩膀部分沒有縫合而敞開的「結裁」。整體來說是開放式的衣服。

細長

除此之外，兒童穿的各種寬幅較窄的衣類都稱為「細長」，因此關於它的樣式等也有諸多說法。

裳著

女性穿裳的儀式。衣類用裳的腰（帶子）綁住固定，讓前方不會敞開，可以說是成年女性的禮儀。

平安12世紀左右 天皇・公卿

從攝關政治到院政衍生出新的裝束

12世紀後攝關政治式微，由上皇掌權的「院政」時代來臨。特別是白河上皇被稱作「治天之君」，確立了自身的地位，並施行強權政治。天皇御所的「內裏」依循慣例成為單純用來舉辦儀式的場所，而上皇的「院御所」則史無前例地成為訓政的場所。

在這個時代，內裏成為了舉行儀式的場所，而在內裏所穿的服裝「束帶」也走向形式化，會加上肩當等成為更硬挺的形式。這種裝束稱作「強裝束」（參照第48頁）。強裝束無法自己一人穿搭，因此衍生出專門的著裝技術「衣紋道」（參照第58頁）。另一方面，在院御所則是穿著平服的烏帽子狩衣辦公，可說是裝束的以下剋上。

鶯色的袍 青色袍（天皇・公卿）

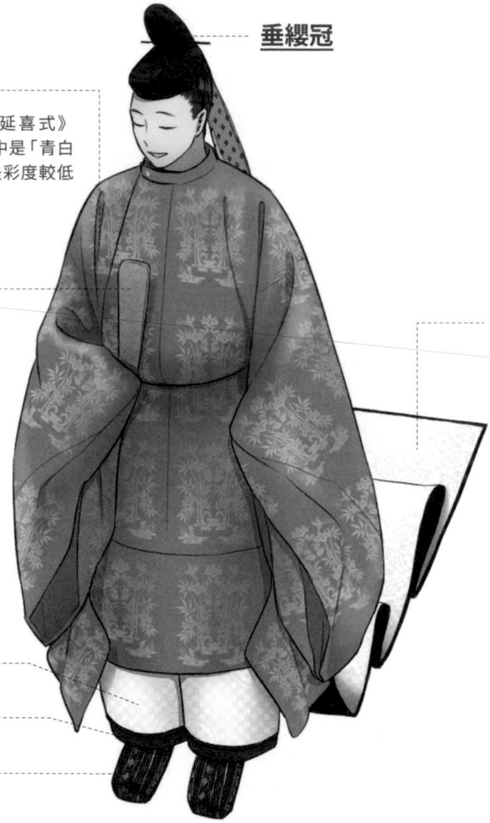
垂纓冠
青色袍
笏
下襲的裾
表袴
大口袴
插鞋

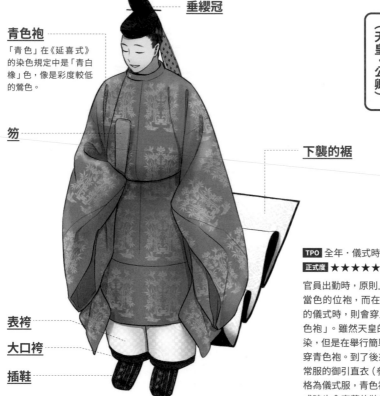

青色袍
「青色」在《延喜式》的染色規定中是「青白橡」色，像是彩度較低的鶯色。

TPO 全年・儀式時・天皇、公卿

正式度 ★★★★★

官員出勤時，原則上要穿著有規定當色的位袍，而在「內宴」等特定的儀式時，則會穿上最高級的「青色袍」。雖然天皇的位當色是黃櫨染，但是在舉行簡單儀式的場合會穿青色袍。到了後來，原本作為日常服的御引直衣（參照第25頁）升格為儀式服，青色袍則成為隆重儀式時也會穿著的裝束。

融合狩衣與直衣 小直衣（高位高官）

TPO 全年・出勤時・高位高官

正式度 ★★★☆☆

在院御所舉行上皇第一次穿著狩衣的儀式「布衣始」之後，廷臣們也可以穿著狩衣昇殿，入朝議政。不過，可能是當時認為狩衣太過休閒，因此在狩衣的下襬縫上像袍一樣的襴，從上皇到親王、大臣、近衛大將等高位者都會穿著這種裝束。之後稱作「小直衣」或「傍續」，上皇穿著時則稱作「甘御衣」。

小直衣

狩衣加上襴與蟻先的形式。原則上，顏色、文樣與布料的規定都跟狩衣相同。

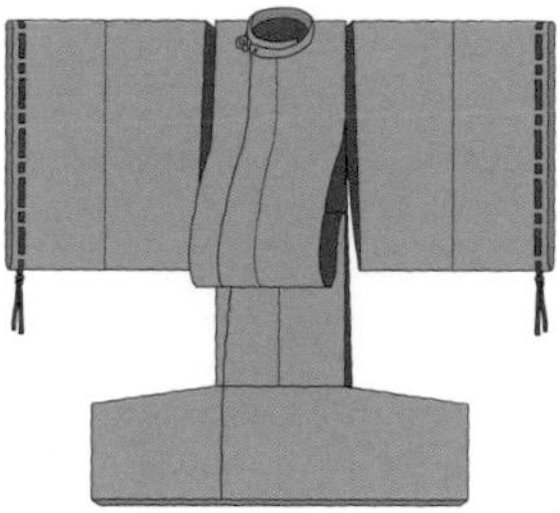

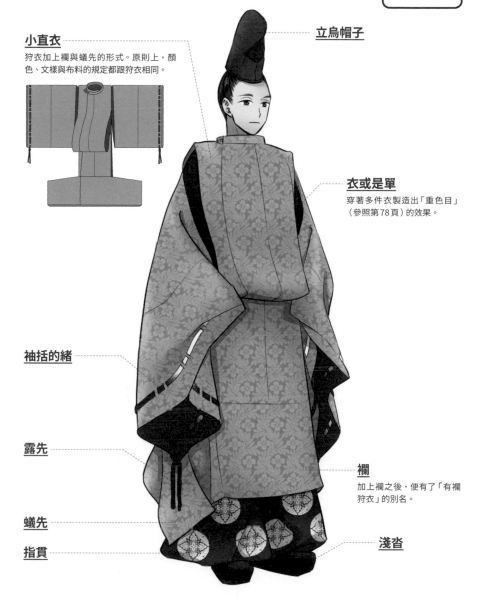

立烏帽子
衣或是單
穿著多件衣製造出「重色目」（參照第78頁）的效果。
袖括的緒
露先
襴
加上襴之後，便有了「有襴狩衣」的別名。
蟻先
淺沓
指貫

平安12世紀左右　貴族・武士

從充滿風情的「雅」到華美的「風雅」

不受傳統約束、自由的院御所風氣，也影響了貴族們的美感意識。從前重視自然風情的「雅」，這時則轉變為主張迷幻華麗之美的「風雅」。束帶的穿著改為有堅硬線條形式的「強裝束」也是受到「風雅」的影響。

這個時代，武士勢力逐漸開始抬頭。平治元年（1159年）平清盛在平治之亂中獲得政治權力，此時基本上還是以貴族文化為主，卻也開始導入武士文化。《方丈記》中記載，大約在治承4年（1180年）福原遷都時，貴族也開始穿起武士的裝束「直垂」（參照第50頁）。

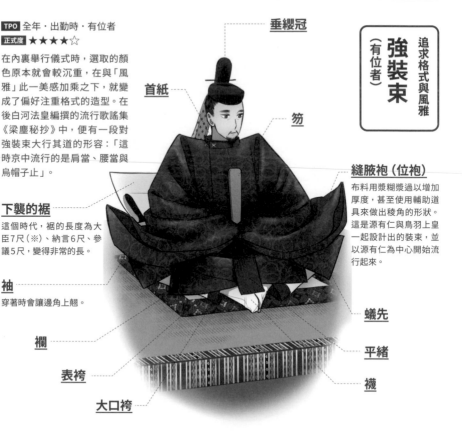

追求格式與風雅　強裝束（有位者）

TPO 全年・出勤時・有位者

正式度 ★★★★☆

在內裏舉行儀式時，選取的顏色原本就會較沉重，在與「風雅」此一美感加乘之下，就變成了偏好注重格式的造型。在後白河法皇編撰的流行歌謠集《梁塵秘抄》中，便有一段對強裝束大行其道的形容：「這時京中流行的是肩當、腰當與烏帽子止」。

垂纓冠
首紙
笏
縫腋袍（位袍）
下襲的裾
袖
襴
表袴
大口袴
蟻先
平緒
襪

縫腋袍（位袍） 布料用漿糊漿過以增加厚度，甚至使用輔助道具來做出稜角的形狀。這是源有仁與鳥羽上皇一起設計出的裝束，並以源有仁為中心開始流行起來。

下襲的裾 這個時代，裾的長度為大臣7尺（※）、納言6尺、參議5尺，變得非常的長。

袖 穿著時會讓邊角上翹。

※1尺＝約30.3cm。裝束是使用曲尺。

搖身變為都城時髦穿著 狩衣（貴族）

TPO 全年・日常服或是出勤時・貴族

正式度 ★★★☆☆

狩衣原本是如同其名，在野外時穿著的狩獵服。在《源氏物語》中也有描述光源氏為了變裝成下級貴族而穿著狩衣的場景，當時絕不允許穿著狩衣前往內裏。另一方面，在院御所則可以穿著狩衣，貴族們也把狩衣當作準公服。

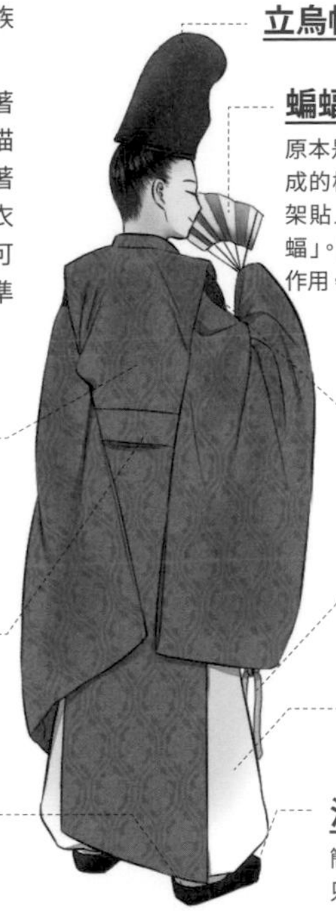

立烏帽子

蝙蝠

原本是用薄檜木板疊合做成的檜扇，後來改成在骨架貼上紙張做成的扇「蝙蝠」。除了在夏季有降溫的作用，也能用來掩面。

狩衣

從原本下級者穿的麻質狩衣「布衣」搖身變為豪華的裝束，也會用有文樣的綾織物等製作。

衣

狩衣與狩衣下方穿著的衣，利用對比色製造出「重色目」（參照第78頁）的效果。

露先

袖括的緒的前端部分。

當帶

原則上用的是跟狩衣相同的布料，但是也會使用不同顏色的「替帶」（參照第83頁）或「風雅腰」等。

狩袴

需要活動身體時，便會穿較為合身的白色狩袴。

裸足

淺沓

簡單的沓，穿著時只是用腳勾住。

隱藏武裝的姿態 下腹卷（武士）

TPO 全年（護身用）・武士

正式度 ★☆☆☆☆

12世紀後半，武士穿的護身用裝束為「下腹卷」。這是在裝束裡面穿著稱作「腹卷」這種鎧甲的著裝法。在《吾妻鏡》中便有這樣的例子：東大寺修造供養時，源賴朝曾在束帶下穿著腹卷。

立烏帽子

折下立烏帽子，以便利於活動。

腹卷

包覆腹部與腰部的簡易型鎧甲。

布衣

在《源平盛衰記》中有這樣的描寫：負責護衛平忠盛的家臣平家貞，在腹卷外穿著布衣（無文的麻質狩衣）。

毛拔形太刀

實戰用的太刀。

平安12世紀左右

武士的盛世與風雅的都城打扮

武士

清和源氏與桓武平氏等武家在12世紀勢力迅速擴張，地位開始抬頭。在後三年之役中戰功彪炳而一舉成名的源義家，由於鎮壓延曆寺的僧兵山法師有功，因此在承德2年（1098年）甚至准許其在院昇殿。武家會以「瀧口武者」的身分在宮中仕事，或是在院御所擔任「北面武士」，也會擔任攝關家等上級公卿的家臣。

武士在地方上可以過著不被朝廷規範的生活，所以衣類也偏好自由風格。平常喜歡穿著簡便的「直垂」，執行公務時會穿著「水干」。從地方來到都城的武士們都愛好風雅，裝束會選用鮮豔的內裡，也常使用華麗的綾織物或錦緞。

直垂（武士）

武士的日常服

襦袢

內衣似乎可以自由選擇。

胸紐

在室町時代以前都是用簡單的帶子固定襟。

折烏帽子

在《伴大納言繪卷》當中有相關的描寫，此為平安時代末期發明的形式。

直垂

沒有衽，腋下部分沒有縫合的形式。布料也不只有麻布，還會使用平絹、紗、綾等豪華絹織物，以符合都城的「風雅」。

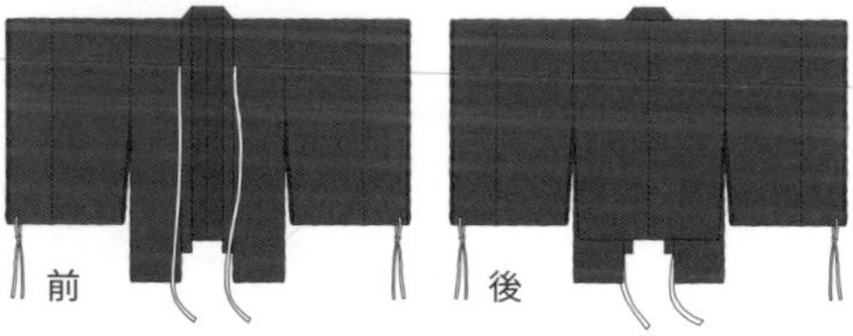
前
後

直垂袴

把穿過下襬的繩子束緊，讓袴膨起的穿著。

緒太

TPO 全年・日常服或是出勤時・武士

正式度 ★★★☆☆

在平安時代中期以前，「直垂」在公家社會指的是類似棉被的物品。不過到了平安時代後期，從地方上京的武士自故鄉帶來直垂作為衣類使用，而隨著武士地位上升，直垂也轉變成類似水干的豪華衣物。

都城風的日常服 水干（武士）

TPO 全年・日常服或是出勤時・武士
正式度 ★★★☆☆

從平安時代到鎌倉時代，住在都城的庶民會穿著「水干」。人們穿著水干的姿態在許多繪卷中都能看見。地方出身的武士也變得喜歡穿這種都城風的水干。因為他們喜愛「風雅」，所以穿的水干是用豪華的絹織物製作，有些情況下還會用錦緞這類豪華的布料縫製。

折烏帽子
瀧口武者在宮中工作時會穿著水干並戴冠。
首紙的緒
看是要藉右襟固定，還是在前面打蝴蝶結等，有許多種打結方式（參照第61頁）。
水干
形式上與狩衣幾乎相同。但狩衣是以蜻蛉頭固定首紙，而水干是以長長的帶子（首紙的緒）固定，還會加上菊綴。
菊綴
為了補強縫合處而加上去的紐帶（將多餘的線拆開，弄散成圓形的菊花狀）。原則上會加在前身的中央、後身連結兩袖的部分，以及端袖與奧袖的縫合處共5個地方。除了補強之外，也有裝飾的效果。
袖括的緒
水干袴
使用葛布等製作的強韌的袴。
露先
緒太

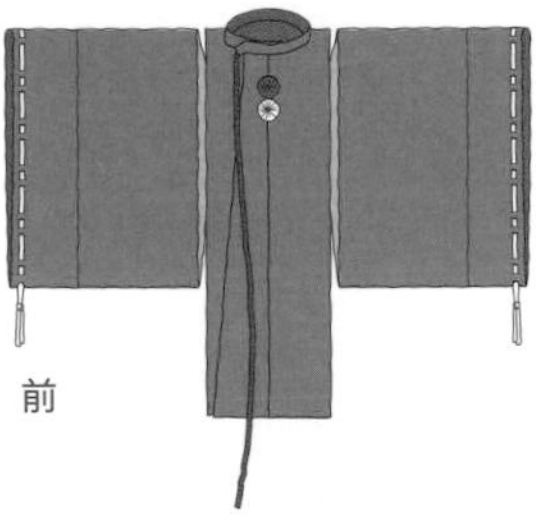
前

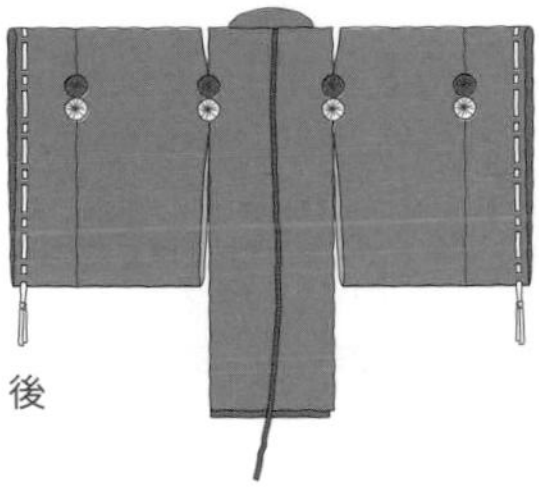
後

平安12世紀左右 女性

講究風雅與優雅充滿謎團的裝束

10世紀末，女房裝束的形式基本上就是所謂的「十二單」，到了11世紀變得更為注重華美的風格，當時甚至有穿著20件衣，重到站不起來的傳聞。讓不同顏色的衣層疊搭配的「重色目」（參照第78頁），便是藉由衣反映出自然的美，屬於一種「雅」的美感意識。

12世紀的美感意識「風雅」，也對女性裝束造成了影響。有關十二單的形容，在當時的文獻中有提到會在裳加上玉，或是在唐衣加上形狀不明的帶子。還有加上以「風雅」為名的假花，或是以金箔裝飾等等。不過實際情況仍有很多未知之處。

以長襬引人注目的晴裝束
晴之汗衫（童女）

汗衫的首紙
儀式時會開襟，展現裡面穿的衣服。
夾形
兒童用的蝴蝶結髮飾。
汗衫前身的下襬
不只是後身，前身的長襬也會拉至身後。前後合計4片下襬。
檜扇
袿
單
濃長袴
女性用的長袴。年輕人在慶典儀式中使用深色。
表袴
在長袴之上再穿一件男性束帶用的袴。

汗衫（晴之汗衫）
形式類似後身很長的闕腋袍。

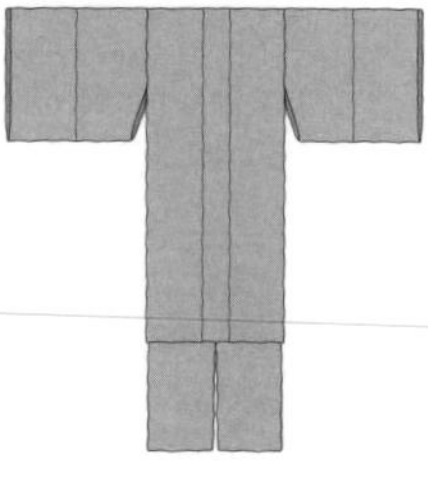

TPO 全年・儀式時・童女

正式度 ★★★★☆

在許多儀式當中，女主人身邊的年輕侍女「童女」也會一同登場，並吸引眾人的目光。這時童女會穿著「晴之汗衫」。晴之汗衫與日常服「褻之汗衫」（參照第45頁）的樣式完全不同。首紙是沒有固定住的開襟形式，而且在女性用的長袴之外還會加上男性用的表袴。

更加豪華且華麗 女房裝束

TPO 全年・出勤時
正式度 ★★★★☆

在當時，「風雅」的意思似乎更像是「展現華麗的自我風格」。女性們互相爭奇鬥豔，甚至發展出一些出類拔萃的形式。另外，女房裝束也被應用到室內的裝飾。在御簾的內側以几帳（屏風的一種）展示女房裝束，而且會特別展示袖口的部分，呈現出衣的美與層次。這稱為「打出」，是深受當時人們喜愛的儀式亮點。

几帳之帷
以几帳的柱子作為支撐，將女房裝束穿在帷上。
几帳台
鬢削
成年女性的證明，會舉行儀式讓未婚夫等剪短鬢（位於耳朵前面，左右兩側的頭髮）。
唐衣
引腰
裳
表著
這是穿在最外面的衣，因此會用特別美麗的布料製作。
小腰
五衣
衣的重疊層次是以5件為標準，可以欣賞美麗的「重色目」。
打衣
這是指放在砧石上敲打出光澤的衣。到了後代則是指用「栓板」加工之後硬質化的衣。
表著
單
五衣
打出
從御簾下可以看見五衣的室內裝飾稱為「打出」。在舉行慶典儀式時，能營造出華麗感。
長袴的腰（帶）

平安12世紀左右

從風雅的流行中孕育出獨自的樣貌

白拍子

在12世紀蔚為風潮的女性歌舞表演者就是「白拍子」。在《平家物語》與《源平盛衰記》中登場，深受平清盛寵愛的祇王．祇女、佛御前等，以及源義經的愛妾靜御前均很有名，加上後白河法皇也熱衷於白拍子等，相當受到上流階級的喜愛。

白拍子的主要工作是吟唱當時的流行歌謠「今樣」，並配合節奏表演舞蹈。據說這是在鳥羽上皇的時代，由島千歲與和歌前這兩位遊女創始的。根據《源平盛衰記》的記載，白拍子的舞衣裝扮是男女結合的奇特造型。這是一種稱為「男裝的麗人」，符合風雅時代喜好的倒錯之美。

草創期為男裝 白拍子的裝束（平安時代）

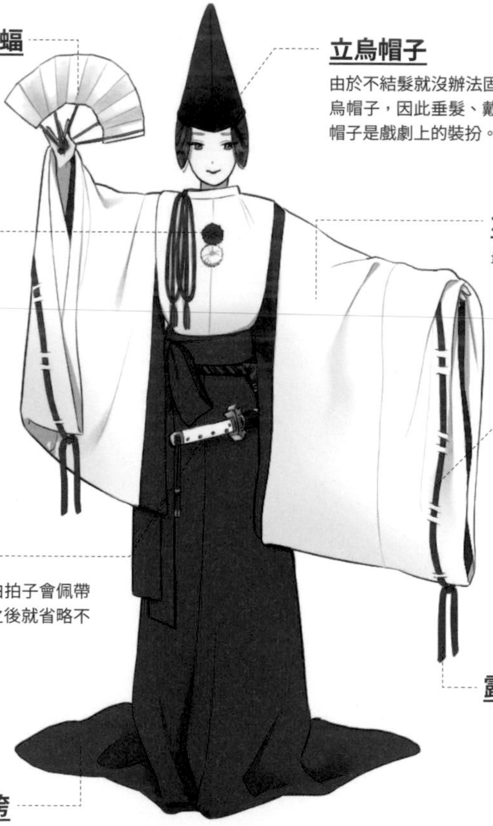

蝙蝠
立烏帽子
由於不結髮就沒辦法固定立烏帽子，因此垂髮、戴立烏帽子是戲劇上的裝扮。
菊綴
水干
最初也會穿著直垂。
袖括的緒
太刀
初期的白拍子會佩帶太刀，之後就省略不帶了。
露先
紅長袴

TPO 宴席．白拍子

正式度 ★★☆☆☆

根據《源平盛衰記》的〈祇王祇女佛前事〉的記載，白拍子草創期的島千歲與和歌前是身穿直垂、頭戴立烏帽子，腰間佩帶太刀的男裝形式，因此也被稱作「男舞」。

男女結合的獨特姿態
白拍子的裝束（平安時代）

TPO 宴席・白拍子

正式度 ★★☆☆☆

白拍子初期的男裝以「太過粗獷」為由，拿掉了烏帽子與腰間佩帶的太刀，改為只有水干配袴的服裝。由於水干是男性的衣服，因此這樣的搭配就成為男女結合的衣裝。在《源平盛衰記》中，佛御前便是以水干配白袴，將頭髮往上紮的姿態在平清盛面前跳舞。

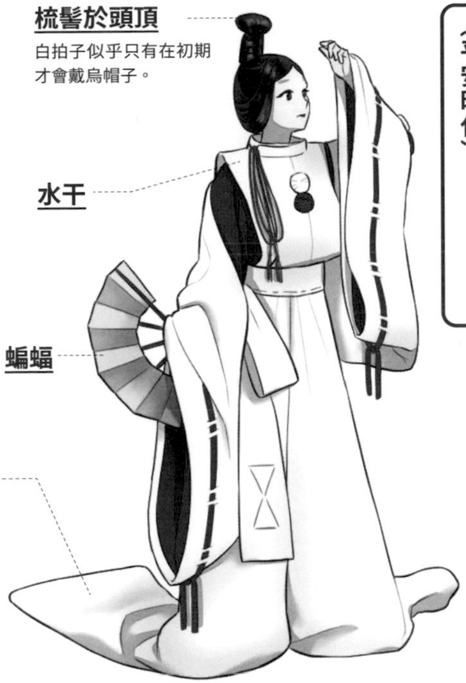
梳髻於頭頂
白拍子似乎只有在初期才會戴烏帽子。
水干
蝙蝠
白長袴

穿著水干與袴跳舞
白拍子的裝束（鎌倉時代）

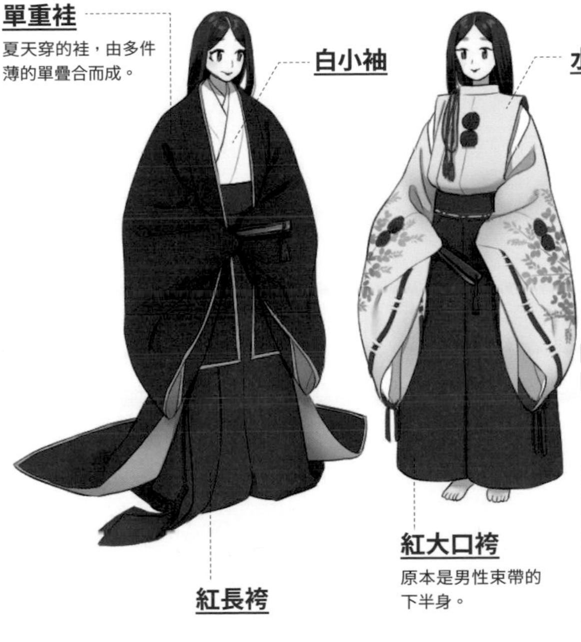
單重袿
夏天穿的袿，由多件薄的單疊合而成。
白小袖
水干
紅大口袴
原本是男性束帶的下半身。
紅長袴

TPO 宴席・白拍子

正式度 ★★☆☆☆

在鎌倉時代的日記文學《不問自語（とはずがたり）》中登場的白拍子姐妹，姐姐身上穿著蘇芳色的單襲與袴，妹妹穿著女郎花色的水干，搭配袖上縫有胡枝子的大口。妹妹跳完舞後，姐姐也被觀眾要求一起跳，因此就在袴上穿著妹妹的水干跳舞，似乎有種「不一樣的趣味」。水干與袴在這個時代似乎也是白拍子的象徵。

專欄〈5〉

平安～室町時代左右的男性裝束

水干

最受歡迎的兒童裝束。牛車的牧童無論到幾歲都被當成兒童看待，因此高齡者也會穿著。

半尻

以華麗的浮織物布料製作，袖括的緒做成「鑷子」的形狀。皇子的鑷子中會有小朵的菊綴。

在舉行著袴（參照第44頁）儀式之後，男孩的代表性服裝就是「半尻」。半尻類似狩衣，但是小孩子活潑好動，因此為了不妨礙活動，後身的下襬（尻）會比狩衣來得短。這就是上流階級所使用的「半尻」。現代的皇室舉行「著袴之儀」時也會穿半尻裝束。

中級以下的貴族兒童比較常穿「水干」。這也是適合活潑的孩子、方便活動的衣服，像牛若丸之類到寺院修行的稚兒，或是侍奉武家的「小舍人童」也很常穿這樣的裝束。在設計上也加入許多童裝特有的可愛巧思，像是把袖括的緒做成可愛鑷子狀的半尻，或是把大朵的菊綴裝飾在上衣的5處與袴的4處。

當上流貴族的子弟作為「童殿上」進入宮中見習禮儀時，便會穿著「童直衣」。童直衣的形式與大人的

童直衣

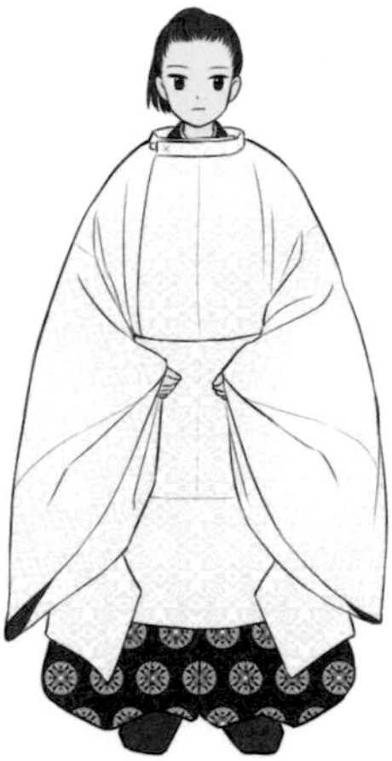

形式與大人的直衣完全相同，只是尺寸比較小。指貫是選用華麗的龜甲紋配上臥蝶丸文樣等。

童形束帶

身幅較窄，但是裾很長，因此文獻上也大多被當作「細長」。在平安時代，「赤色」也很常見。

直衣相同，不過袍的文樣是與天皇相同的小葵。

另外，在進行相當於現代成人式的元服禮時，則會穿著「童形束帶」。這也是適合活潑好動的孩子穿的闕腋袍，元服前使用的是無位的當色——黃色。天皇或是皇太子（近代的皇族也是）會頭戴稱作「空頂黑幘」的額當。

整體來說，上述的裝束都很注重穿起來的可愛度與活動性。布料大多是選用華麗的浮織物，但是也有容易磨破的缺點。對於成長快速的兒童來說，比起耐穿這點，當時可能更重視外觀的可愛程度吧。

專欄〈6〉

瞭解衣紋道

平安時代後期，造型稜角分明的「強裝束」（參照第48、64頁）開始流行後，束帶變成無法自行穿搭，因此專門的著裝技術「衣紋道」就此誕生。後三條天皇的孫子源有仁特別愛好衣紋，甚至把衣紋技術系統化，因而被稱作「衣紋道之父」。源有仁死後，由德大寺家與大炊御門家繼承，之後由山科家與高倉家傳承至今。

山科家向來都以「內藏頭」的身分，負責宮中裝束的採購，直到江戶時代結束，都只負責宮內的衣著裝束。另外，高倉家則是獨占上皇、將軍與武家的衣著裝束業務，可以說是家大業大。

兩個流派的差異，主要可以從束帶的穿著方式看出。舉例來說，有2個袖襞的是山科流，只有1個袖襞的就是高倉流。另外，有關固定袍的衣襟的「蜻蛉頭」，如果固定線的縫法是「＋」就是山科流，「×」則是高倉流。現在只有天皇與皇太子的服裝是採用山科流的形式。

袖襞的數量

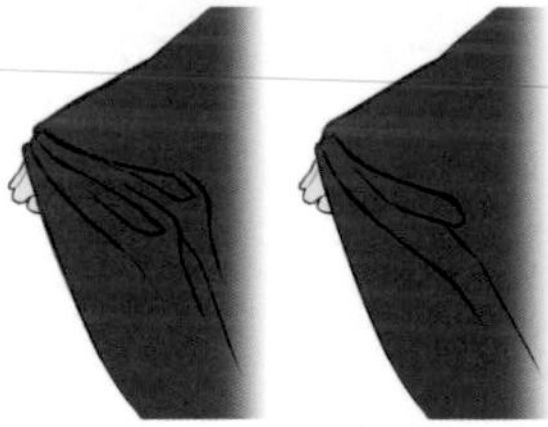

有2個襞是山科流，有1個襞是高倉流。

蜻蛉頭的固定線

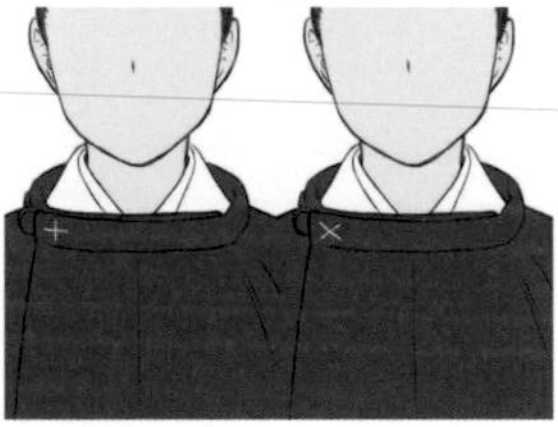
+
×

「+」是山科流，「×」是高倉流。

石帶的辨別方式

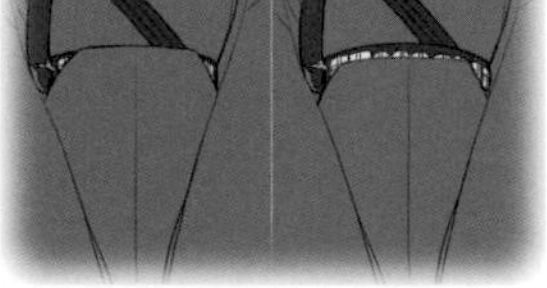

看不見石（左）的是山科流，可以看見一半（右）的是高倉流。

第3章

鎌倉時代的裝束

鎌倉時代　武士

武家政權時代裝束的新序列

建久3年（1192年）成為征夷大將軍的源賴朝，與選擇京都為據點的平家不同，決定以鎌倉作為政治中樞。因此發展出與都城截然不同的武家風文化，裝束的世界也產生了巨大的變革。上級武家穿著「狩衣」作為禮裝，次一級是「水干」，一般的武士則是穿「直垂」（參照第62頁），此為全新的序列。

承久3年（1221年）後鳥羽上皇出兵攻打鎌倉幕府引發了承久之亂，後鳥羽上皇敗北後，鎌倉幕府於京都設置六波羅探題，一舉掌握包含都城在內的全國統治權。此後，武士以直垂的裝扮進入宮中，公家也受到影響而開始穿著直垂。

升格為武士的禮裝 狩衣（上級武士）

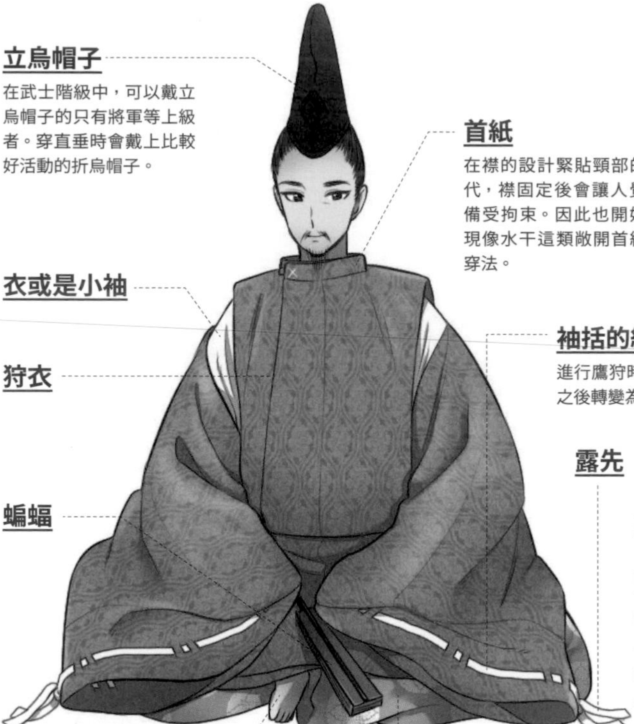

立烏帽子

在武士階級中，可以戴立烏帽子的只有將軍等上級者。穿直垂時會戴上比較好活動的折烏帽子。

首紙

在襟的設計緊貼頸部的時代，襟固定後會讓人覺得備受拘束。因此也開始出現像水干這類敞開首紙的穿法。

衣或是小袖

狩衣

袖括的緒

進行鷹狩時會把這裡束緊。之後轉變為單純的裝飾。

露先

蝙蝠

裸足

指貫

只有將軍或執權的上級者才可以穿指貫。其他人則穿狩袴。

TPO 全年・重要儀式與行事時・上級武士

正式度 ★★★★★

從12世紀的院政時代開始，公卿在院御所穿的狩衣就朝著公服化發展，而武士將狩衣當作禮裝穿著之後，狩衣的公服化又更進一步。在《吾妻鏡》中，很常看到武士身上穿著「布衣」（無文的狩衣）參加慶典宴會的場景。

豐富多樣的日常服
水干（上級武士）

TPO 全年・出勤時・上級武士

正式度 ★★★★☆

水干原本是庶民的衣服，但是當武士把水干穿去都城後，水干就升格為上級武士的平服。水干與袴使用相同材質製作的「水干上下」，會在袖或衽的部分縫上別的布料展現風雅，而且還能美化裝束，因而誕生出各式各樣的版本。

立烏帽子
水干的襟（垂領式）
鬆鬆地敞開胸襟的「垂領」形式。討厭束縛的武士不喜歡狩衣那種把脖子勒緊的形式，比較喜歡「垂領」風格。
水干
首紙的緒（襷掛）
穿著垂領時，首紙的緒大多會斜向一邊打結。
蝙蝠
菊綴
露先
袖括的緒打結後多出的部分。
指貫
指貫為公家所用。
袖括的緒

水干的襟（垂領式）
立烏帽子
水干袴（水干上下）
袴與水干使用相同布料製作的時候，整體稱作「水干上下」。
水干
首紙的緒（襷掛）
菊綴
淺沓
武士只有在特別的儀式才會穿淺沓。

首紙的緒（前結）
立烏帽子
水干的端袖・衽
改變端袖與衽的顏色，這種展現「風雅」的風格受到當時武士的喜愛。
水干
菊綴
水干袴
以葛纖維製作緯線的強韌布料縫製。
淺沓

鎌倉時代 武士

自由的直垂成為武士裝扮的主流

鎌倉時代，中級以下的武士把穿著容易且舒適的「直垂」當作日常服。烏帽子是將立烏帽子折了好幾折而成的「折烏帽子」，並用紙捻將頭頂上的髻打結固定。武士的勢力變強之後，在都城內也是穿著直垂，甚至以直垂之姿前往內裏參謁天皇。

另一方面，戰爭時作為人生中最後的裝束，武士會穿著合身的「鎧直垂」，這是以豪華的錦緞製作，並加上大量的菊綴裝飾。官軍大將得到天皇的敕令後可穿著「赤地蜀江錦」，到了後世也普遍認為赤地錦是大將專用。一般的烏帽子在戰場上很容易掉落，所以會用懸緒固定並在下巴處打結。

上下成套的日常服 直垂（武士）

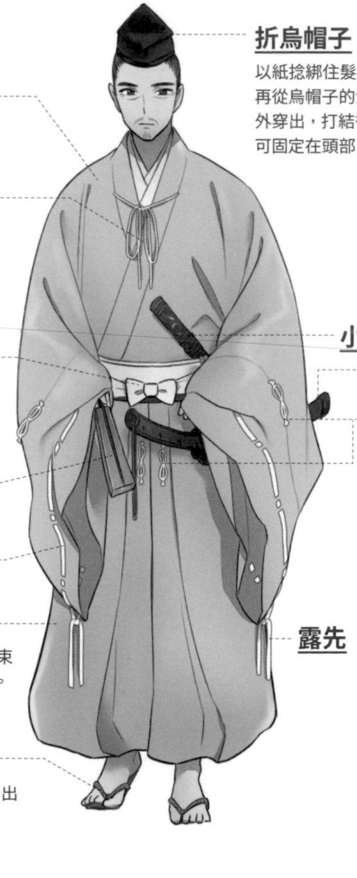
折烏帽子
以紙捻綁住髮髻，再從烏帽子的洞往外穿出，打結後即可固定在頭部。
直垂
胸紐
到室町時代為止，胸紐都是沒有裝飾，屬於很簡單的形式。
袴的腰（帶）
直垂的袴的腰，原則上是使用白布。
蝙蝠
袖括的緒
直垂的袴
把長袴往上拉至膝蓋下方束緊，屬於膨起的指貫形式。
緒太
也就是草鞋。公家日常外出時也很常穿緒太。
小刀
太刀
菊綴
露先

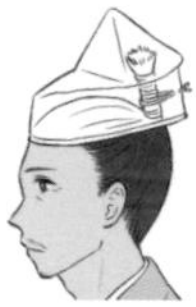

TPO 全年・日常服・武士

正式度 ★★☆☆☆

原本只有上衣的部分稱作直垂，開始穿共裂（相同布料）的袴之後，裝束整體就被稱作「直垂」了。上衣的身頃為2巾，沒有衽，腋下部分沒有縫合，形式與單相同。襟的左右附有形式簡單的胸紐，以此在前面打結，固定住襟。

作戰用的合身直垂
鎧直垂（赤地蜀江錦）（武士）

TPO 全年・作戰時・武士

正式度 ★☆☆☆☆

至平安時代後期左右為止，上級武士會在鎧之下穿著水干形式的衣物，但是到了源平合戰的時代左右便開始穿鎧直垂。因為是要穿在鎧之下的衣物，所以袖與袴都製作成較為合身的形式，不過色彩與裝飾都比一般的直垂還要華麗。

鎧直垂
鎧著裝時

折烏帽子
在戰場打仗時，烏帽子會用懸緒牢牢地固定在頭部。戴上頭盔時，則會使用材質柔軟的「梨打烏帽子」。
懸緒
胸紐
菊綴
作為「人生最後的裝束」，這時會用較多的菊綴裝飾。
鎧直垂
與一般的直垂相比，鎧直垂會用錦緞等較為豪華的材質製作，而且比較合身。
袖括的緒
鎧直垂的袴
露先

鎌倉時代

文官・武官

強裝束的流行與開始衰退的公家

與其說內裏是處理政務的地方，不如說是舉行儀式的場所，加上強裝束的流行，束帶便成為特殊的儀式服。當時追求的是像神護寺〈傳源賴朝像〉所描述的硬挺的裝束，而且需要有懂得著裝技術的人，至於穿起來硬梆梆的束帶，就變得不適合作為日常的朝廷勤務服了。

就這樣，原本只在夜間執勤時穿著、白天不會穿的「衣冠」，這時就算是白天的辦公時間也會穿在身上。甚至在春日詣、競馬、行幸等公家的戶外行程，他們也會以衣冠佩帶太刀的「晴裝束」參加。這是因為公家在地方的莊園被武士奪走支配權後，經濟上也變得沒那麼寬裕了。

源賴朝也會穿的硬挺裝束

束帶（強裝束）（有位者）

TPO 全年・隆重儀式時・有位者

正式度 ★★★★★

擁有強裝束穿搭技術的裝束師，在進行束帶的穿搭時，會特別強調稜角分明的造型。像這種被特別強調的束帶，在內裏的儀式中也只有特別重要的儀式時才會派上用場。

垂纓冠

石帶的上手

前方看不見石帶的部分只有紐（懸緒・待緒），與固定後剩下的部分是分開的。

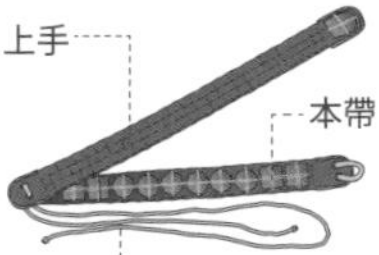
上手
本帶
懸緒與待緒

縫腋袍（位袍）

失去活力的公家社會朝著家格固化發展，關於袍的文樣，各家都有自己的規定。

細太刀

石帶的本帶與平緒

平緒打結後，就看不到石帶的石了。

下襲的裾

升格為朝廷勤務服

衣冠（有位者）

TPO 全年・出勤時・有位者

正式度 ★★★★☆

衣冠取代束帶，升格為白天的朝廷勤務服，而且在舉行儀式時也會穿著衣冠。這個時代開始，文獻中有關衣冠的穿著實例也增加了。穿上衣冠時不穿下襲，不會拖著長長的裾，也不使用石帶，穿著時很輕鬆，但卻少了點華麗感，因此會像直衣一樣在裡面加一件衣，從下襬露出來，稱作「出衣」。

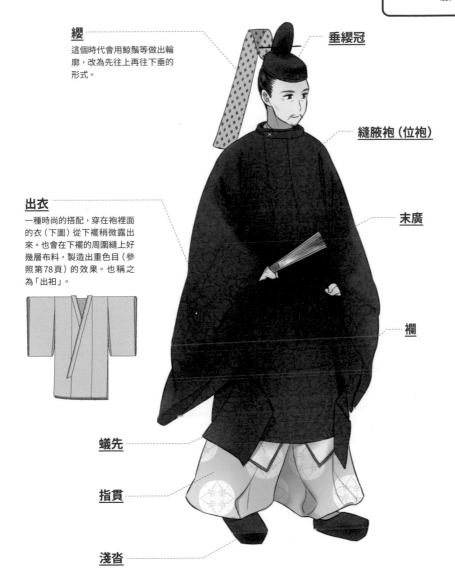

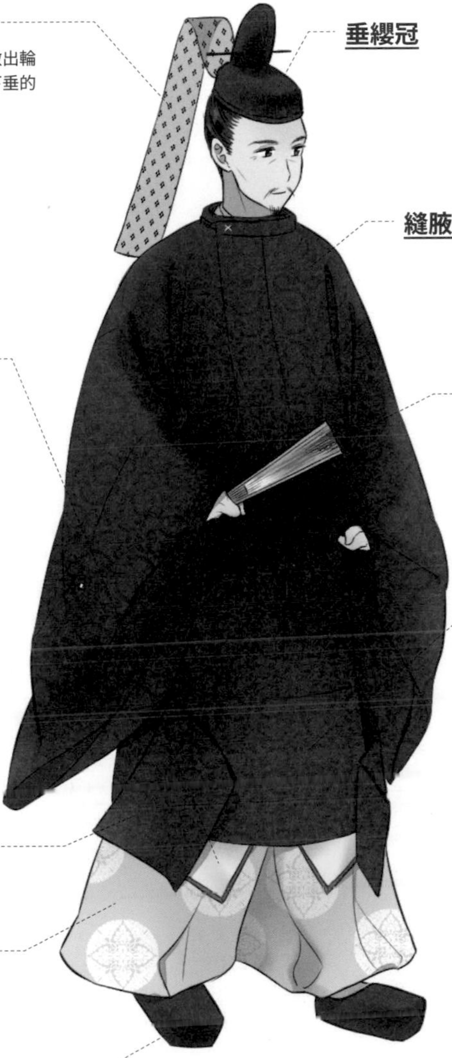
纓
這個時代會用鯨鬚等做出輪廓，改為先往上再往下垂的形式。
垂纓冠
縫腋袍（位袍）
出衣
一種時尚的搭配，穿在袍裡面的衣（下圖）從下襬稍微露出來。也會在下襬的周圍縫上好幾層布料，製造出重色目（參照第78頁）的效果。也稱之為「出衵」。
末廣
襴
蟻先
指貫
淺沓

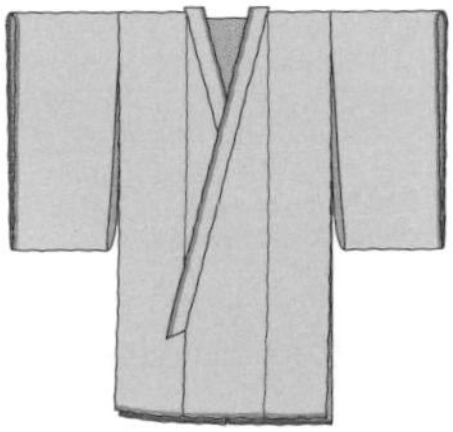

受武家文化影響的公家裝束

在院政時代誕生的「小直衣」，到了鎌倉時代開始廣為普及。對於貴族來說，原本直衣是輕鬆的日常服，但卻逐漸公服化，以「冠直衣」的形式被用來當作朝廷勤務服。加上受到強裝束（參照第64頁）流行的影響，變得不好擅自穿著直衣，於是方便穿著的小直衣便成為日常服。

在平家的全盛時代，公家也開始穿著武士的裝束「直垂」，而到了鎌倉時代，穿的人更多了。當時的背景是承久之亂後，朝廷勢力屈居於鎌倉幕府之下，同時公家喪失了莊園的支配權，經濟上變得窘迫等等。

鎌倉時代的貴族日常服 小直衣（高位高官）

TPO 全年・日常服・高位高官

正式度 ★★☆☆☆

平安時代末期發展出的小直衣是高位高官、大臣與近衛大將穿著的裝束。到了鎌倉時代，容許範圍似乎又放寬了，還有留下大納言穿著的紀錄。

立烏帽子
髻
用烏帽子內側的「小結」綁住髻，固定在頭部。
小直衣
襴
露先
蟻先
大口袴
這時開始穿比指貫更加輕盈舒適的切袴「大口袴」。

小直衣
14世紀初的《春日權現驗記繪卷》中，便有描繪神穿著小直衣的姿態。
松
袖括的緒
蟻先
指貫

直垂（公家）

不只武士，連貴族也會穿

TPO 全年・日常服・公家

正式度 ★★☆☆☆

從平家全盛時期開始就有這種傾向，當武士都能以直垂的裝束進宮謁見天皇時，公家穿著直垂的情況也變得更多了。不過公家戴的是立烏帽子，與武士的折烏帽子不同。

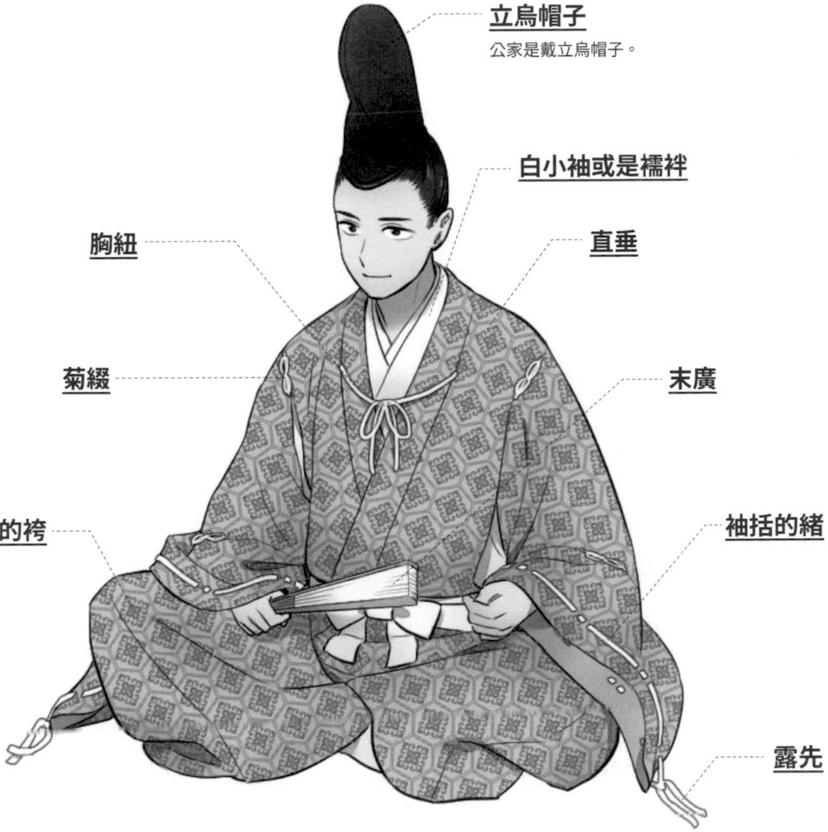
立烏帽子
公家是戴立烏帽子。
白小袖或是襦袢
胸紐
直垂
菊綴
末廣
直垂的袴
袖括的緒
露先

鎌倉時代 女性

華麗的服裝轉變為簡便的裝束

到了11世紀時，女性裝束變得比男性裝束更加簡便，這是前所未有的情況。「御引直衣」（參照第25頁）原本是天皇穿的平服，後來變成在儀式中也能穿著，而彷彿與其呼應一般，女性裝束也省略了裳與表著。省略裳應該是因為小袖的普及。小袖慢慢變得像外套一樣，在《不問自語（とはずがたり）》中寫道，文永8年（1271年）的新春，女性穿著「浮織梅唐草的二層小袖」。

到了後來，宮中的女官在工作時只穿著小袖與袴，這在平安時代被稱作「裸姿」。另外，在腰上綁衣的「湯卷」或圍裹裙式的「裳袴」，這些簡便的衣類也變得普及。

衣袴姿 簡約的勤務服

白小袖
平安時代後期開始，女官會把白小袖（參照第9頁）當貼身衣物穿。
袿（衣）
套在白小袖外面的簡單服裝，省略穿在裡面的單。到了鎌倉時代末期連袿也省略，小袖與袴的搭配成為女官的日常服。
紅長袴

TPO 全年・出勤時

正式度 ★★★☆☆

平安時代女性的日常服「衣（袿）袴姿」是小袖搭配長袴，外面再加上好幾層衣的簡便服裝，但是到了鎌倉時代則逐漸簡化與公服化，成為女官的宮中勤務服。原本的女房裝束（參照第53頁）被稱作「物具姿」，成為最上級的裝束，只有在特別重要的儀式才會穿著。

小袖袴姿（下級女官）
變得美觀的小袖

TPO 全年・出勤時・下級女官

正式度 ★★★☆☆

鎌倉時代前期，在順德天皇所寫的有職故實解說書《禁秘抄》中，便有描寫下級女官「近代不著衣，只穿小袖唐衣」的姿態。不穿裳是因為穿小袖，而不穿衣（袿）可能是因為小袖美觀化的緣故。

白小袖

小袖
從白小袖變成各種顏色的小袖，也從內衣升格為外衣。鎌倉時代的日記《建春門院中納言日記（たまきはる）》中有「織物的五小袖」，而在《不問自語（とはずがたり）》中有「鮮豔的小袖」、「唐綾的二層小袖」等各種記載。

淺蔥長袴
正式的場合是穿紅長袴，實際上似乎有各種顏色。

裳袴・湯卷
小袖改版的簡單裝扮

TPO 全年・日常服

正式度 ★★☆☆☆

到了鎌倉時代後期，女性變得只會穿上小袖，連袴都不穿了。如果要出現在人前的話，則會再穿一件像是圍裹裙的「裳袴」覆蓋下半身，這種姿態很常在繪卷出現。「湯卷」是平安時代在湯殿服務的女官所穿的工作服，但到了鎌倉時代就變成外衣了。

白小袖
小袖
小袖
裳袴
湯卷

小袖

裳袴
穿在小袖外面，覆蓋下半身。

湯卷
在《不問自語（とはずがたり）》中有這樣的描述：「在山中御所的夜晚，有人悄靜無聲地，以掛湯卷之姿通過」。

專欄〈7〉

文樣的基本

桐竹鳳凰麒麟

平安時代中期開始，規定此為天皇專用的文樣。各個圖案都是聖帝的象徵。

窠中鴛鴦

平安時代後期開始，似乎規定此為皇太子專用。使用這個文樣的原因不明。

輪無唐草

五位以上諸家通用，使用在袍上的文樣。〈傳源賴朝像〉（神護寺）的袍文。

轡唐草

這也是五位以上諸家通用的袍文。也可在〈傳平重盛像〉（神護寺）的袍文看見。

八藤丸

常用在表袴或是指貫上的文樣。在現代也會用於上級神職的袴上面。

窠霰

年輕人或是慶典儀式時所穿的表袴上的文樣。底下的市松文樣是霰，上方是窠。

臥蝶丸（浮線綾）

多用於下襲等裝束的文樣。從絲路傳來的團花紋變形而成。

先間菱

女性所穿的單上的文樣。衣紋道的山科流稱為「千劍菱」，高倉流稱為「幸菱」。

裝束上的古式文樣稱作「有職文樣」。文樣的設計雖然很有日本的特色，卻又給人一種來自國際的印象，那是因為文樣源自於古希臘或波斯薩珊王朝的緣故。奈良時代，遠從絲路經由中國傳來日本的文樣，就是有職文樣的源流，之後經過千年歲月的洗禮與形式的淬鍊，確立了流傳至今的有職文樣。

如果說袍與單、表袴與指貫等的文樣是由身分與家世決定的話，那麼狩衣與女性裝束的文樣，相對來說就可以較為自由地選擇。以裝束的規定來說，年紀越小文樣就越小且越多，而隨著年齡增長，文樣就越大且數量越少。

第4章

室町～戰國時代的裝束

室町時代 男性

武家與公家文化融合的時代

室町時代，足利氏在京都開府，第三代將軍足利義滿歷任太政大臣與征夷大將軍，最後爬上公家與武家的最高位置，因而融合了兩者的文化。另外，掌管裝束的衣紋道，山科家與高倉家各自創立了自己的流派，可以說是家大業大（參照第58頁）。

依循鎌倉時代的傳統，公家的正裝確定為「衣冠」。在室町時代，衣冠分為穿單的「衣冠襲」，以及省略單的「衣冠」。衣冠襲的等級比衣冠高了一級，成為重要儀式時才會穿的裝束。另一方面，裝束也變得更加簡化，像所謂的「袖單」，就是在麻質的赤帷上，只縫上襟與袖。另外，公家穿著直垂（參照第67頁）謁見天皇的情況也增加了。

衣冠襲（有位者）

以單的色彩展現優雅

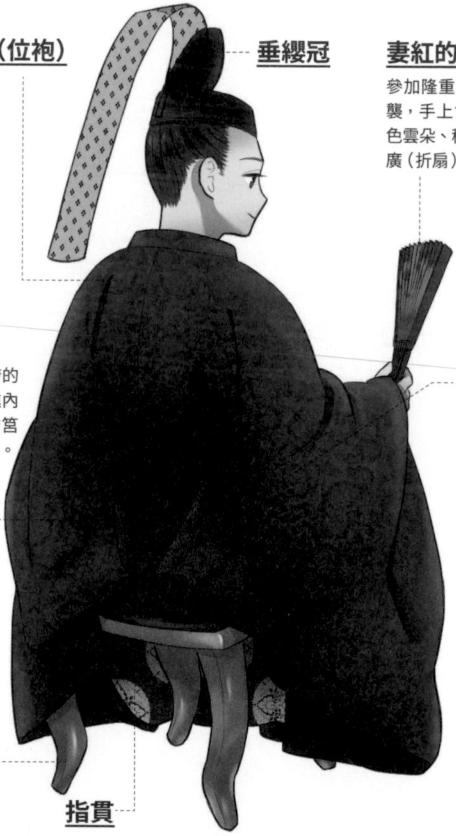
縫腋袍（位袍）
垂纓冠
筥衣
兀子
指貫

妻紅的末廣

參加隆重的儀式時會穿衣冠襲，手上會拿著上方繪有紅色雲朵、稱之為「妻紅」的末廣（折扇）。

筥衣

束帶或布袴的筥衣是塞進內側，衣冠的筥衣則是外露。

單

單的有無會左右身分的高低。也有只把單的襟與袖縫在帷子上的袖單（右圖）。

TPO 全年・隆重儀式時・有位者

正式度 ★★★★★

在位袍裡穿上單的穿法也稱之為「衣冠單」，此為男性參加隆重儀式時的正式裝扮。原本在懷裡放入帖紙、手持檜扇才合乎禮儀，後來演變為手持畫有紅雲文樣的末廣扇「妻紅的末廣」。不論是衣冠襲還是衣冠，除了拜神之外都不會持笏。

衣冠（有位者）

不穿單的勤務服

TPO 全年・出勤時・有位者

正式度 ★★★★☆

不穿單的「衣冠」是日常的朝廷勤務服。原則上冠的懸緒是紙捻，但如果以增進蹴鞠技術為由獲得飛鳥井家的許可，就能使用紫色的組紐。這項認可曾經引起飛鳥井家與天皇的爭論。

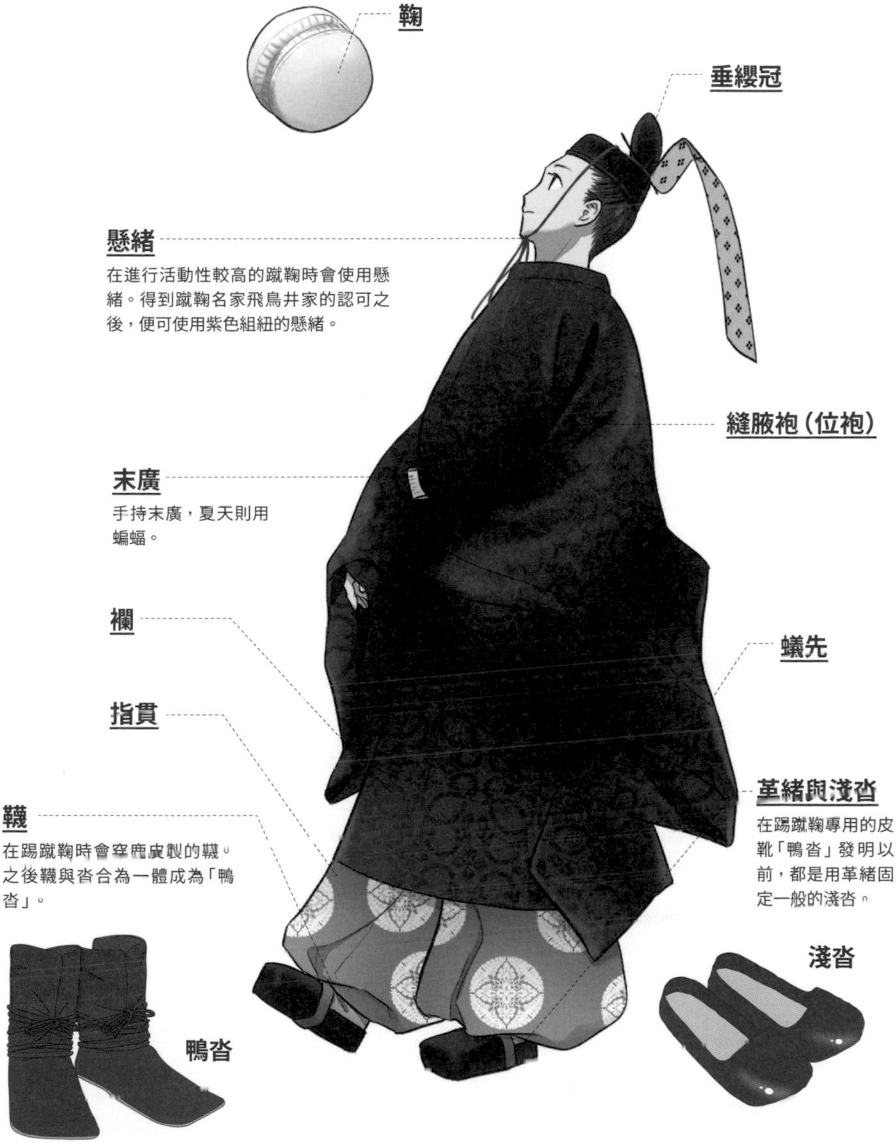
鞠
垂纓冠
懸緒
在進行活動性較高的蹴鞠時會使用懸緒。得到蹴鞠名家飛鳥井家的認可之後，便可使用紫色組紐的懸緒。
縫腋袍（位袍）
末廣
手持末廣，夏天則用蝙蝠。
襴
蟻先
指貫
革緒與淺沓
在踢蹴鞠專用的皮靴「鴨沓」發明以前，都是用革緒固定一般的淺沓。
韈
在踢蹴鞠時會穿鹿皮製的韈。之後韈與沓合為一體成為「鴨沓」。
淺沓
鴨沓

室町時代　女性

簡便又美麗的小袖成為主角

到了室町時代，女性的衣類中小袖進入全盛時期，這時會用更美的布料來製作小袖。在發展的過程中，出現了在普通的小袖外面套上一件袿的穿法，讓小袖變得更大件也更加華麗。之後把這種穿法稱為「打掛」。夏天時會把上半身的打掛脫掉，垂放在腰間，這是稱作「腰卷」的穿法。女性變得只有在宮中才會穿袴，到後來就連在宮中，下級女官也會省略袴。

另外，女性外出時會避免讓別人看見自己的臉，所以會戴上大頂的斗笠，或是用打掛蓋在頭上，這種穿法是從平安時代開始的。

穿上美麗的小袖　打掛・腰卷

TPO 全年・日常服　正式度 ★★★☆☆

「打掛」的形式與小袖相同，但是為了穿在好幾層的小袖外面，袖變得更大更寬，下襬也做得更長。由於打掛是穿在最外層的服裝，因此會特別用漂亮的布料製作。近世公家的女性也會使用，並稱作「搔取」。夏天時會將打掛垂放在腰間，稱作「腰卷」，後來腰卷越來越強調形式，到了近世則成為高位武家夫人的夏季禮裝。

打掛
製作得更加大件的小袖。因為是穿在最外面的服裝，所以會用豪華的布料製作。打掛是女性的正裝，現在也會用於結婚典禮等場合。
小袖

打掛

腰卷
將打掛用帶束緊後，再脫掉上半身的穿法。行座禮時會把打掛往外鋪開，增添華麗的印象。
小袖

腰卷

以輕薄垂衣包覆的旅行打扮
壺裝束（枲垂衣姿）

TPO 全年・外出時

正式度 ★★☆☆☆

大頂的「市女笠」配上稱作「枲垂衣」的頭紗。枲垂衣是以蕁麻科的「苧麻」纖維織成的布料製作，枲即為苧麻的意思，但因實際上也有防蟲與防水蛭的作用，因此也寫作「蟲垂衣」。

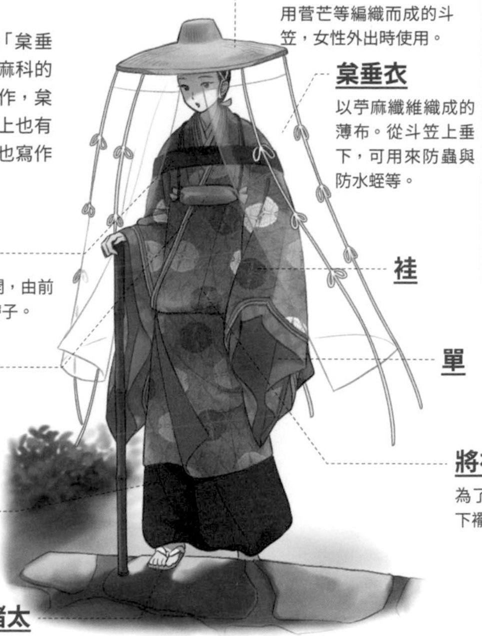

市女笠
用菅芒等編織而成的斗笠，女性外出時使用。
枲垂衣
以苧麻纖維織成的薄布。從斗笠上垂下，可用來防蟲與防水蛭等。
懸帶
為了避免衣的前方敞開，由前往後繞一圈並打結的帶子。
袿
懸守
掛在脖子上的護身符，裡面會放入佛像或經文以祈求旅途平安。
單
將袿拉高
為了方便行走，會將袿的下襬往上拉高至腰部。
指貫形式的紅袴
除此之外，似乎也會穿男性用的指貫。
緒太

套上袿的旅行打扮
壺裝束（袿）

袿
把衣的下襬往上拉高至腰部束緊。從頭頂蓋下來可以將臉遮住。
懸帶
懸守
市女笠
懸帶
在身後打完結後自然垂下來的部分。
衵
穿在表著與單之間的衣。樣式與袿相同。
單
緒太

TPO 全年・外出時

正式度 ★★☆☆☆

用打掛蓋在頭上，遮住臉的旅行裝扮，也稱作「被衣」。參拜時會用懸帶從胸口繞至身後打結，並將「懸守」掛在胸前。懸守裡面會放入佛像或經文。

戰國時代 武士

簡便至上主義的戰亂期

應仁元年（1467年）發生應仁之亂後，各地的大名與領主紛紛力圖擴張自己的勢力，導致戰火不斷，進入了戰國時代。這是一個朝廷衰微，幕府威信不再，而且輕視儀禮的時代。裝束以簡便為第一優先，鎌倉時代以來代表武士的衣類直垂（參照第62頁）成為上級武士的專屬之物，中級以下的武士則穿著稱為「素襖」的簡易直垂。漸漸地連烏帽子都省略了。

把素襖的袖去掉，更便於活動的服裝稱作「肩衣」。肩衣成為室町時代中期以後武士的日常服，在戰國時代則是被當作一種禮裝。到了江戶時代，肩衣經過改良、越來越強調形式後，就演變成所謂的「裃」。

簡易版的直垂 素襖（家臣階級）

折烏帽子
將折烏帽子前面的部分增高，變成「侍烏帽子」。
素襖
將直垂簡便化而成。省略袖括的緒與露先等部分。
革緒的胸紐
將直垂原本是組紐的部分改為鹿皮製的平緒。因此素襖也稱為「革緒直垂」。
家紋
將原本水干與直垂上的菊綴部分改為家紋。
袴的腰（緒）
與白布的直垂不同，用的布料與袴相同。袴與上衣使用相同的布料（共裂）。
革緒
緒太

TPO 全年・出勤時・家臣階級

正式度 ★★★☆☆

鎌倉時代以後，郎黨會在直垂染上大大的主家家紋，而將這種「大紋直垂」輕便化之後的服裝就是「素襖」。素襖的形式與直垂很相似，不過沒有縫上內裡，也省略了袖括的緒。

素襖也簡略化 肩衣（武士）

TPO 全年・日常服或是禮裝・武士

正式度 ★★★☆☆

著名的長興寺所收藏的〈織田信長像〉，便是描繪織田信長穿著肩衣與長袴的身姿。室町時代後期，武士似乎較常穿長及腳踝、便於活動的「半袴」，但是在織田信長一週年忌日所繪製的肖像畫中，可以看見他穿著肩衣長袴的禮裝身姿。這個時代的肩衣與後世的裃不同，左右的襟在下方交疊。

露頂

室町時代末期開始，越來越多人頭上什麼都不戴，將頭頂剃成「月代」髮型。

肩衣

將素襖上衣的袖去掉，成為輕便的衣服。之後變化成裃（參照第89頁）。

小袖

家紋

肩衣的兩胸與背後的家紋是用拔染技法。足利義昭賜予織田信長桐紋。

小袖

小刀

這個時代，用帶子纏繞在刀柄上的形式最為普遍。

長袴

這個時代還留有把長袴往上拉起的指貫形式。武士也會使用半袴。

專欄〈8〉

重色目的基本

表裡重色

梅

正月時使用的代表性色目。表布的白代表花瓣，內裡的蘇芳代表花萼。

柳

表布白，內裡青的色目在春天為「柳」；夏為「卯花」；秋為「菊」；冬為「松之雪」。

女郎花

表布黃，內裡青，黃中帶綠的色目。在許多古典文學中登場，代表秋天的色彩。

海松色

表現出海藻的海松，適合老人的色目。年紀40歲以上所穿的狩衣，內裡為白色。

衣重色

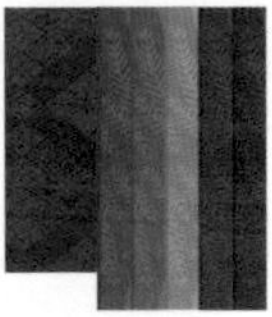

松重

表現出赤松的葉與枝幹的色目，用於各式各樣的慶典儀式。

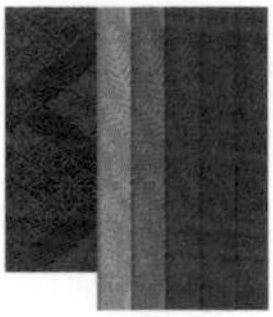

紅之匂

相同顏色的漸層稱作「匂」。四季通用，用於慶典儀式。

裏倍紅梅

內裡顏色比表布深稱作「裏倍」，表現出花瓣與花萼。

紫薄様

漸層到最後變成白色的色目，稱之為「薄様」。

男性的狩衣與衣、女性的裝束等等，都會配合季節展現美麗的「重色目」。重色目有3種意義。

首先是「表裡的重色目」。在古代，因為蠶絲很細，織出來的布料也很薄，從外面可以看見內裡透出來的顏色。於是利用這個特性，改變表布與內裡的顏色，表現出櫻或是紅葉等風情。

穿上多層交疊的衣，並透過改變衣的顏色展現出複雜的漸層色。這稱為「衣的重色目」。

此外，還有織布時藉由改變經線與緯線（橫線）的顏色，創造出帶有虹彩現象的「織色的重色目」。

第5章
江戶時代的裝束

江戶時代

天皇・上皇

來到太平盛世新制度的誕生

豐臣家在慶長20年（1615年）的大坂夏之陣遭到滅亡後，江戶幕府發布了《禁中並公家諸法度》，訂定有關天皇、朝廷與公家的行動規範。內容以鎌倉時代順德天皇的《禁秘抄》等為依據，雖然會考慮到有職故實的規定，也會加入新的想法。第9條中寫有關於裝束的規定，天皇除了禮服、御袍、御引直衣之外，還要穿「御小直衣」。在此之前，幾乎沒有天皇在公共場合穿著小直衣的例子，應該是這時訂定的新制度。

另外，此時規定上皇的御袍為赤或黑，或是穿著小直衣。在此之前也有上皇穿赤色袍的例子，不過此時規定赤色為上皇的當色。

頭戴獨特的冠 御小直衣（天皇）

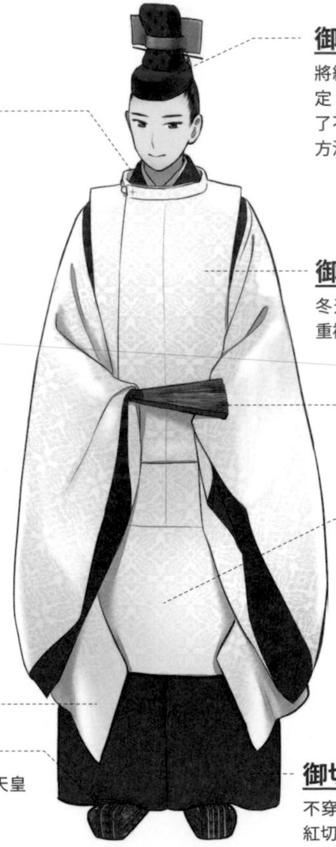
御金巾子冠
將纓折疊，再用貼了金箔的紙固定。天皇平時就要戴冠，這是為了不讓冠的纓影響活動而想出的方法。
御單
御小直衣
冬天的文樣為小葵，夏天為三重襷。
末廣
襴
蟻先
御插鞋
貼上繧繝錦的天皇專用履物。
御切袴
不穿指貫，而是穿紅切袴。

TPO 全年・日常服・天皇

正式度 ★★★☆☆

天皇的御小直衣在夏天是二藍色的三重襷文樣，與臣下相同，而冬天則是白綾的小葵文樣。頭戴「御金巾子冠」，這是將纓折疊並用貼了金箔的紙固定。袴不是穿指貫，而是穿紅切袴。

上皇專用袍 赤色袍（上皇）

TPO 全年・儀式時・上皇

正式度 ★★★★☆

「赤色」在平安時代的《延喜式》中指的是「赤白橡」色，在朝廷舉行特別的儀式時，這是天皇或最上位的大臣等穿著的袍色。到了江戶時代，《禁中並公家諸法度》中規定赤色為上皇的袍色，也成為上皇專用的顏色。

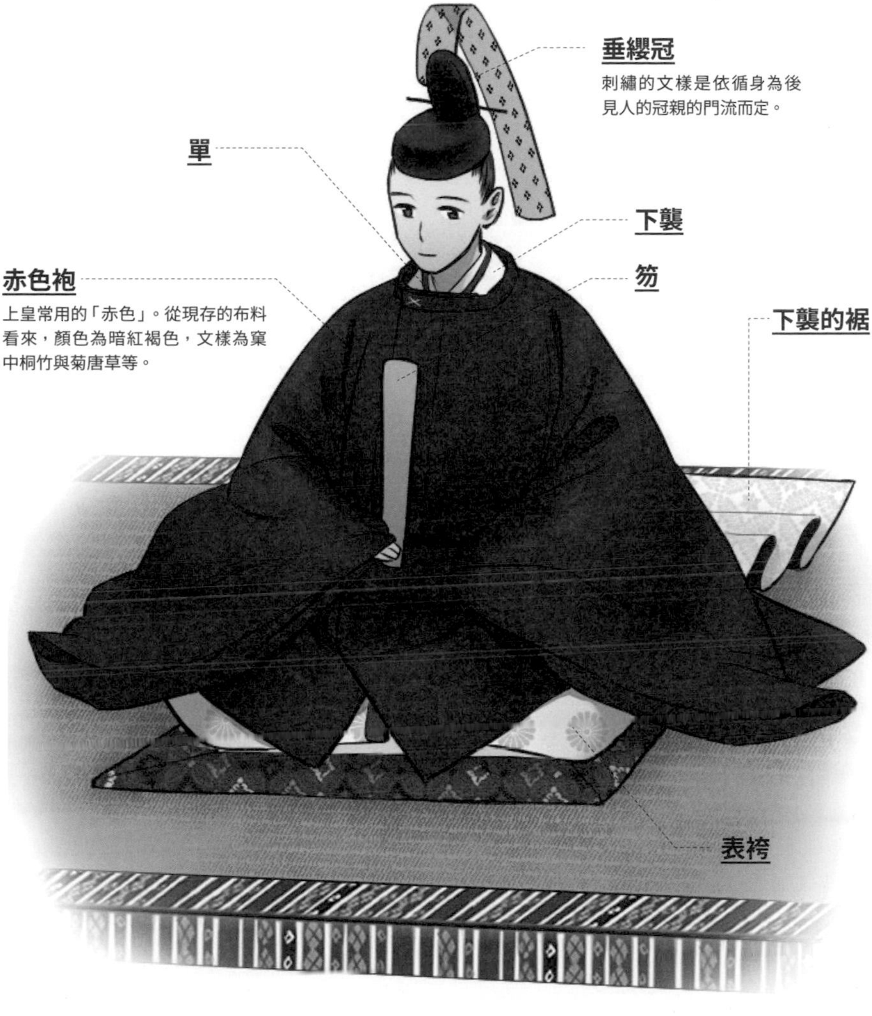
垂纓冠
刺繡的文樣是依循身為後見人的冠親的門流而定。
單
下襲
笏
赤色袍
上皇常用的「赤色」。從現存的布料看來，顏色為暗紅褐色，文樣為窠中桐竹與菊唐草等。
下襲的裾
表袴

江戸時代 公家

承襲下來的裝束外型漸漸改變

堂上公家（家格為殿上人之上的公家）的朝廷勤務服為衣冠。不同於以往的地方在於，袍的領口變得很寬，首紙的位置也變低。因此能從襟看到裡面穿的單、衣或小袖等。冠則變得非常小，普遍以懸緒固定並綁在下巴處。另外，許多經濟變得拮据的公家會在出勤時租借衣裝。

公家的日常服為狩衣，敕使下江戸時原則上也是穿狩衣。狩衣也跟袍一樣，領口變得很寬。烏帽子則變小，以和紙重疊貼合的「張貫」製法塑形，最後上漆，再用懸緒固定在頭部。

衣冠（有位者）

襟變大，冠變小

首紙
從江戸時代左右開始，首紙變得很寬大，可以看見裡面的衣。

懸緒
通常以紙捻製作，得到蹴鞠的認證資格後便可使用紫色組紐。

指貫
烏襷文樣為20歲以前的年輕人使用。

垂纓冠
到了江戸時代變得非常小，以懸緒固定。

白小袖
公卿穿綾製的白小袖，殿上人穿平絹製的白小袖。

縫腋袍
圖為諸家共通的轡唐草文樣黑袍。

TPO 全年・出勤時・有位者

正式度 ★★★★☆

形式上除了袍的領口變寬與首紙的位置變低之外，沒有太大的變化。在《禁中並公家諸法度》中，有關位當色的規定和以往相同，文樣則承襲各家的舊例為轡唐草、輪無唐草等，大臣在就任後規定使用「異文」。而16歲以下者，冠是使用在甲上穿孔的「透額」。

成為公家愛用的日常服 狩衣（堂上公家）

TPO 全年・日常服・堂上公家
正式度 ★★★☆☆

不管是日常外出或參加簡單儀式等，江戶時代的公家最常穿的裝束就是狩衣。在《禁中並公家諸法度》中沒有特別的限制，因此狩衣會有各式各樣的色彩與文様。

立烏帽子
以忍掛的懸緒固定。家格為大臣家以上的公家所使用。至於平堂上的公家，未滿16歲者也是戴立烏帽子。

風折烏帽子
使用翁掛的懸緒固定。平堂上(※)家格的公家所用。

狩衣

指貫
源氏的年輕人使用的是龍膽襷文樣的指貫。

替帶
刻意使用與當帶不同的布料。使用下襲的布料，上緣微微露出內裡。

押折
雨天等時候為了方便步行而將後身的下襬往上捲至左邊後，用當帶夾住。

指貫
日野家用的是麴塵的指貫。

複習袴的差別 指袴與指貫

下襬的長度
只到腳踝
下襬拉至膝下
束緊固定

指袴　**指貫**

為了降低經費與預防暑氣，於是設計出指貫長度只到腳踝的切袴「指袴」（差袴）。只有在式日，也就是每個月的1日與15日穿著古式的指貫，其他日子都是穿指袴。

※允許昇殿的家格之一，指的是名家、羽林、半家等公家。與攝家、清華、大臣家合稱為「堂上家」。

江戶時代 武士

持續200年以上武家的裝束制度

元和元年（1615年），江戶幕府制定了幕府內部的服制。這被視為是「當家歷世的圭臬」，一直被保存到幕末時代。當中規定了重要儀式要穿「裝束」，簡單儀式則穿「肩衣長袴」（參照第89頁），像八朔（※）這樣的重要儀式要穿「白帷子」等等。

「裝束」為元旦拜年、增上寺參拜，以及每年3月的勅使應答等重要儀式時使用，按照身分依序分為直垂、狩衣、大紋、布衣與素襖（參照第84～88頁）5個階級。

「肩衣長袴」為農曆正月的御謠始、3月的上巳節與10月的玄豬等簡單儀式時使用的裝束，日常或是正月的鏡開儀式等場合則是穿著「半袴」（參照第90頁）。

武家最高級的裝束 直垂（三位以上，侍從以上）

TPO 全年・隆重儀式時・武士（三位以上，侍從以上）

正式度 ★★★★★

舉行隆重儀式時所穿的最高級「裝束」，三位以上的大名，或被任命為侍從以上官職的四位的大名與旗本所穿的服裝。布料為絹，顏色除了將軍專用的紫、將軍世嗣的緋與德川秀忠&家光穿的萌黃外，皆可自由選擇。

立烏帽子
只有將軍戴立烏帽子，將軍以外的人是戴風折烏帽子。
胸紐
白小袖
內衣穿白小袖。
直垂
無文，紫色只有將軍可以使用。
菊綴
以組紐編成「菊綴結」的菊綴。
末廣
長袴

江戶時代的「裝束」與相應身分

官位	在幕府內的身分	禮裝用的裝束
大臣	將軍	紫或緋的直垂
大納言	世嗣	緋直垂
侍從以上	御三家・大大名・上級旗本・高家	直垂
四位	譜代大名・旗本	狩衣
五位	外樣大名	大紋（布直垂）
相當於六位	旗本（特定職）	布衣
無位	旗本（平士）	素襖

※舊曆8月1日。也是江戶幕府開府紀念日，是重要性僅次於正月的盛大節日。

比直垂次一級的武士裝束
狩衣（四位）

TPO 全年・隆重儀式時・武士（四位）

正式度 ★★★★★

位階四位的大名與旗本穿著狩衣。親藩、譜代大名與10萬石以上的大名等也等同此身分。武家的狩衣與公家的狩衣形式相同，但不論夏冬，使用的材質皆為紗（薄的絹織物），並未規定顏色與文樣。內衣穿著白小袖，佩帶小刀。

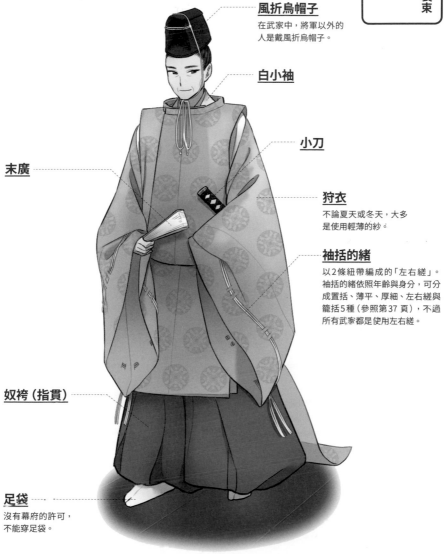

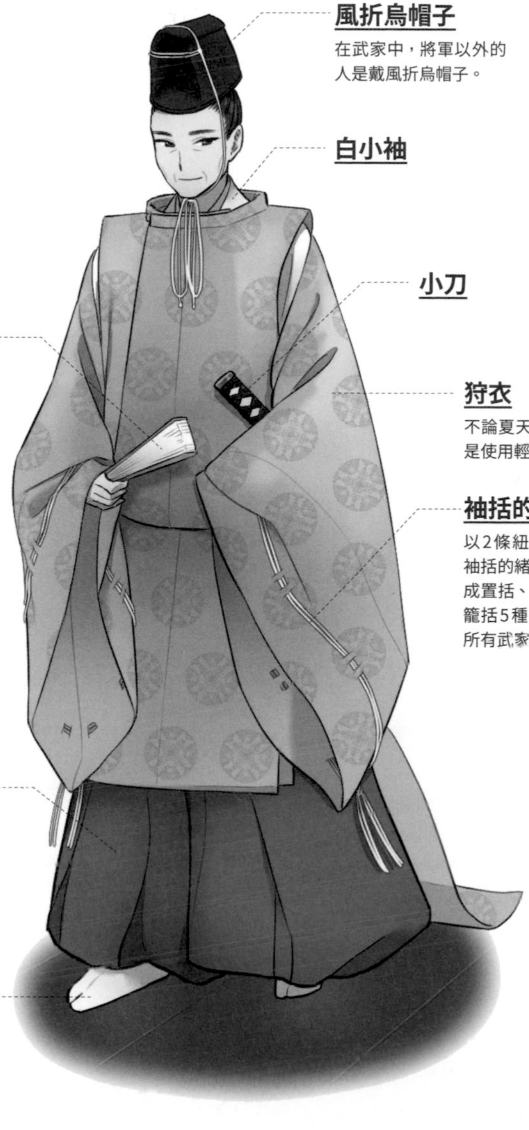
風折烏帽子
在武家中，將軍以外的人是戴風折烏帽子。
白小袖
小刀
末廣
狩衣
不論夏天或冬天，大多是使用輕薄的紗。
袖括的緒
以2條紐帶編成的「左右縒」。袖括的緒依照年齡與身分，可分成置括、薄平、厚細、左右縒與籠括5種（參照第37頁），不過所有武家都是使用左右縒。
奴袴（指貫）
足袋
沒有幕府的許可，不能穿足袋。

江戶時代

武士

中小大名與中級旗本穿的裝束

在幕府內稱作「諸大夫」的五位大名與旗本所穿著的裝束是「大紋」。未滿10萬石的大名，或是擔任大目付、町奉行、勘定奉行等要職的旗本，皆等同此身分。縫製方面比照直垂，但是大紋為麻製，在背後、兩胸、袖的前後與袴的前後共10處會以拔染工法印上家紋。

沒有正式位階，但是相當於六位的中級旗本，其身分被視為「布衣」。御番頭、御小姓組組頭、御鎗奉行等也等同此身分，他們須穿著布衣，也就是無文的狩衣，並穿上淺蔥色的奴袴（指貫）。大紋以下的裝束，內衣原則上不穿白小袖而是穿「熨斗目小袖」。

以拔染法印上家紋的直垂

大紋（布直垂）（五位）

大紋（布直垂）
在背後、胸、袖與袴的前後，都以拔染工法印上家紋。

蝙蝠
將紙貼在竹製細骨架上的扇子。

露先
常見袖沒有穿上袖括的緒的「籠括」。

風折烏帽子
配合武士的髮型，後面形狀較長的烏帽子。

熨斗目小袖
內衣為熨斗目小袖。

小刀
小刀為海老鞘卷短刀，沒有刀鍔。

袴的腰
比照直垂使用白布。

菊綴
在菊綴的位置上，以拔染工法印上大片的家紋。

TPO 全年・隆重儀式時・武士（五位）

正式度 ★★★★★

大紋的正式名稱為「布直垂」，原則上是布（麻）製。懷中的扇子是蝙蝠而非末廣。袴與直垂相同，是與上衣同布料的長袴。烏帽子則是風折烏帽子，配合武家的髮型為縱長形式。

TPO 全年・隆重儀式時・武士（相當於六位）

正式度 ★★★★★

中級旗本被允許穿著意味著「無文狩衣」的布衣，他們的階級亦被稱作「布衣」。「布」原本是指麻製的意思，後來則改為用絹製作，與以麻製為原則的「大紋」天差地別。烏帽子為風折烏帽子，內衣為熨斗目小袖。

從麻製改為絹製 布衣（相當於六位）

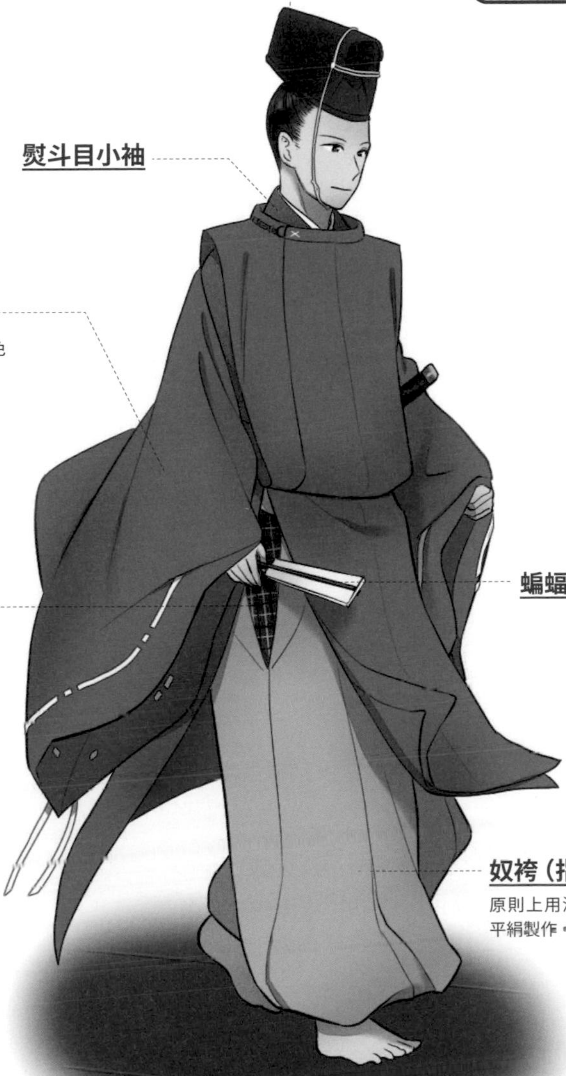

風折烏帽子

熨斗目小袖

布衣

形式與狩衣相同。色彩自由，沒有文樣。

蝙蝠

熨斗目小袖的腰替

只有腰部有格子或條紋圖案。

奴袴（指貫）

原則上用淺蔥色的平絹製作。

江戶時代　武士

自室町承襲的服制與流傳至今的裝束

由於江戶幕府完全承襲了室町幕府的服制，因此裝束的序列一樣是直垂、布直垂（大紋），接下來是素襖。而沒有被列在布衣的下級旗本的平士、10萬石以上的外樣大名的家臣，以及四位侍從以上的譜代大名與旗本的家臣，他們穿著的裝束就是素襖。素襖與原則上無文的直垂不同，不但可以織出文樣，顏色也很多樣化。內衣為熨斗目小袖，烏帽子為形狀特殊的折烏帽子「侍烏帽子」。

以上介紹的「裝束」為大禮服，中禮服為「肩衣長袴」，通稱為「長裃」。將軍以下到御家人均為相同的形式。內衣在3月3日與5月5日都是穿著熨斗目小袖，而德川家康的江戶入府紀念日8月1日則是穿白帷子。

大名家臣的裝束　素襖（平士）

TPO 全年・隆重儀式時・武士（平士）

正式度 ★★★★★

顏色不固定，布料為漂白布，胸紐與小露是以革緒製成。袴的腰（帶）很細長，與袴使用相同布料，背部的腰板上繪有家紋。懸緒的顏色也不固定，使用圓形組紐。

侍烏帽子
由折烏帽子改良而成，因形狀特殊，也被稱作「舟形烏帽子」、「納豆烏帽子」等。
素襖
熨斗目小袖
胸紐
鹿皮製的革緒。
袴的腰
與袴使用相同布料製作而成。
小露
由菊綴簡化而成。鹿皮製的革緒。

從肩衣到裃

肩衣長袴（熨斗目長袴）

（將軍～旗本）

TPO 全年・簡單儀式時・武士（將軍～旗本）

正式度 ★★★★☆

肩衣（參照第77頁）配袴的穿著稱作「肩衣長袴」。室町時代後期出現的肩衣隨著時代越來越強調形式，到了江戶時代中期轉變成「裃」的樣式並流傳至現代。熨斗目小袖是品質極佳的小袖，大紋以下的裝束與肩衣長袴的內衣都是穿熨斗目小袖。

家紋

在肩衣的兩胸部分、後身的中心與長袴的腰板上共計4處，以拔染工法印上家紋。

蝙蝠

長袴

由於與肩衣使用相同布料，因此稱作「上下」。

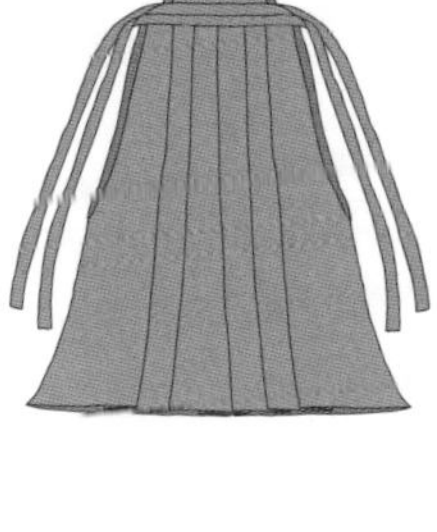

肩衣

從江戶時代中期開始，文樣為分布在全體的「小紋」。

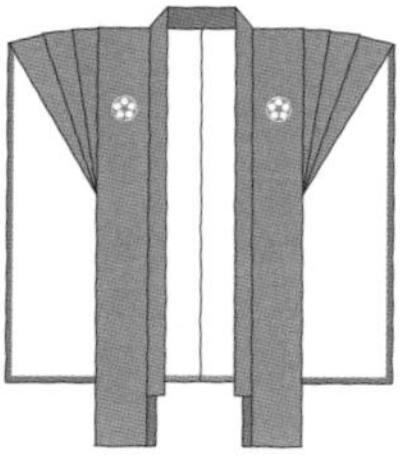

熨斗目小袖

夏季穿沒有內裡的染帷子。八朔等舉行儀式的時候會穿白帷子，稱作「白裝束」。

熨斗目小袖的腰替

「熨斗目」原本是絹的名稱，之後則指腰部有條紋或格子圖案的「腰替」這種小袖。

江戶時代 武士

從太平盛世到幕末武士裝束的變遷

農曆正月7日的人日節與4月1日的更衣（衣替）等都有簡單的儀式，這時或是平常時候武士穿的都是「肩衣半袴」。在元祿年間（※1），肩衣的肩幅大約為1尺，但是到了元文年間（※2）會在肩部放入鯨鬚，讓肩膀部分變得更大、更突出，文政年間（※3）則變成圓弧狀的「鷗仕立」，襞也從2個增加至3個。

如同其名「上下」，肩衣與袴原則上為共裂（相同布料），但是在享保年間（※4）也允許穿著上下使用不同布料的「繼裃」。按照以往的傳統，素襖（參照第88頁）是不會縫上內裡，不過在第9代將軍德川家重的時代，素襖可以縫上內裡。

持續到1862年的日常服 肩衣半袴繼裃（武士）

月代
到幕末為止，有主人的武士一定會剃月代頭。
襦袢
肩衣
因為與袴使用不同布料，所以稱為「繼裃」。
小袖
在小袖的兩胸、兩袖的後面與背部共計5處，以拔染工法印上家紋。
半袴
半袴與現在一般所稱的「袴」尺寸相同。袴襠的位置隨著年代漸漸往下，天明天間（1781～1789年），袴襠甚至在下襬往上3寸（約9cm）的位置。

TPO 全年・簡單儀式時或是日常服・武士

正式度 ★★★☆☆

裃的形式隨著時代改變，顏色則有縹、海松茶、木賊、茶等，可自由選擇。初期時的文樣比較大，但享保年間開始變為小紋。家紋染在左右兩胸與背部。穿著小禮服時，內衣為熨斗目小袖，日常登城時則穿單色的紋付小袖。

※1 1688～1704年。 ※2 1736～1741年。 ※3 1818～1830年。 ※4 1716～1736年。

來到混亂的幕末
羽織・襠高小袴（武士）

TPO 全年・簡單儀式時或是日常服・武士

正式度 ★★★☆☆

到了幕末，局勢動盪不安，萬事講求簡便，因此人們需要活動性高的服裝。在文久2年（1862年）的服制改革中，廢除了熨斗目長袴（參照第89頁），平服的肩衣也改成羽織，並改穿袴襠位置較高、便於行走的「襠高小袴」。到了最後，幕府兵也開始穿筒袖的西式服裝。

總髮
文久改革之後，需要每天早上剃髮的月代髮型也漸漸變得隨性了。

小袖

家紋
在兩胸與兩袖的後面，以及背部共計5處，以拔染工法印上家紋。

羽織
後身的背縫的下半部，為了方便帶刀而沒有縫合，稱作「打裂」。

襠高的小袴
兩腳可以張很開，方便活動的袴。

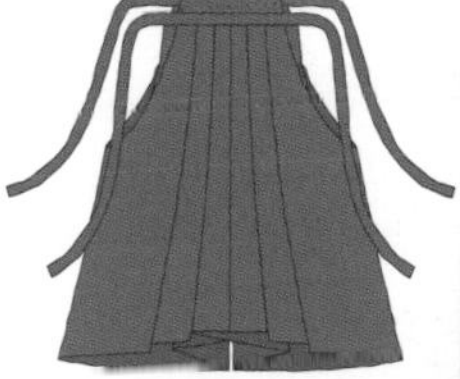

足袋
原本未經許可不能穿足袋，但是到了幕末已經解禁。武士因為穿著有鼻緒的草鞋，所以從以前就是穿足袋而不是穿襪。

江戶時代　女官

維持簡素裝扮與嘗試平安復古風

江戶幕府對皇室與朝廷的行動有諸多限制，另一方面，在經濟上則提供一定程度的保障。不過，在裝束方面就沒有那麼容易復興了。過慣安逸生活的女官，她們的服裝基本上就是簡單素雅的「小袖袴」，有時還會不穿袴，只有套上打掛。雖然舉行儀式時會穿「裳唐衣」，但是這個時代的裳與平安時代的裳不同，是在「纐纈之裳」的外面穿上裳，然後把裳的「懸帶」在前方打結，像是背負著裳一樣的穿法。

　如上所述不斷改變的裳唐衣，在江戶時代中期的享保年間與江戶時代後期的天保年間，就有過好幾次的「再興」，試著朝平安時代的復古風格邁進。

江戶時代的十二單 裳唐衣（女御・高級女官）

TPO 全年・儀式時・高級女官

正式度 ★★★★★

與古式的裳相比，江戶時代的裳長度減半，並省略垂在前面的小腰。取而代之的是「懸帶」，將懸帶在前方打結就能把裳固定在背上。裳裡面穿的是「纐纈之裳」。

髮飾
五衣
檜扇
唐衣
懸帶
表著
裳
引腰
紅長袴

髮飾
從圓形金屬薄板延伸出3根劍形裝飾，稱為「平額」。

五衣
五衣雖會在布的邊緣塞入棉花，創造出分量感，但也有很多是只在看得到的部分做出有層疊效果的「人形袖」。

檜扇

唐衣
到了江戶時代，唐衣開始使用與懸帶相同的材質。平安時代是在裳的外面穿上唐衣，近代開始改成在唐衣外著裳。

懸帶
像是背負著裳的穿法。與唐衣使用相同布料。

表著

裳
江戶時代的裳有附懸帶，整體上比平安時代的裳還要來得短。

引腰

紅長袴

懸帶

簡單的日常服
小袖袴・大腰袴（女官）

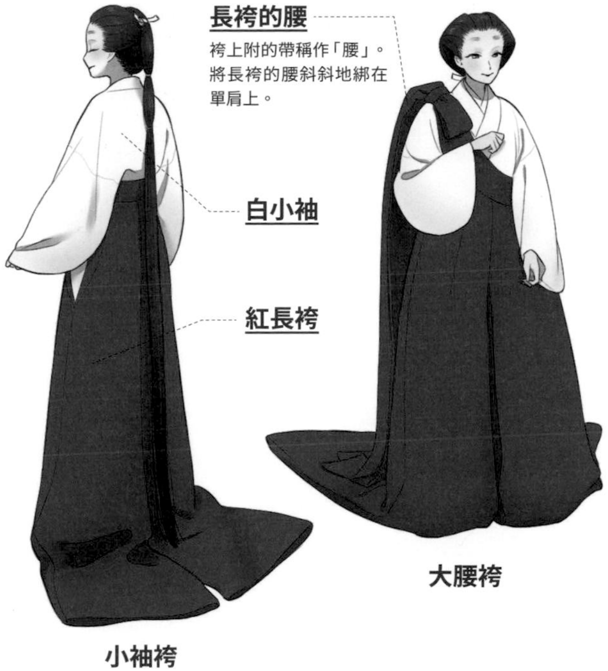
長袴的腰
袴上附的帶稱作「腰」。將長袴的腰斜斜地綁在單肩上。
白小袖
紅長袴
大腰袴
小袖袴

TPO 全年・出勤時・女官

正式度 ★★★☆☆

女官的日常服為「小袖袴」，只有白小袖配上紅長袴，但有時候也會在白小袖上施以刺繡點綴。另外，也有高級女官在天皇面前穿的「大腰袴」這種奇特的穿法。

把上衣纏綁在腰部
掛衣・搔取（女孀）

白小袖
掛衣
女性在日常中很常使用小袖，在公家社會中稱之為「搔取」。這是將搔取圍在腰部的穿法。

TPO 全年・出勤時・女孀

正式度 ★★★☆☆

下級女官中的「女孀」不穿袴，而是採用「腰卷」的穿法，把搔取圍在腰部。這稱作「掛衣」。掛衣使用的小袖有幾個特徵，例如：袖丈比一般的小袖更短，而且邊角呈圓弧狀，八口（衣服在腋下所開的洞）部分會縫合起來。

專欄〈9〉

江戶時代兒童的裝束與髮型

鬢幅與長絹

長大一點之後，便會將塗了油的假髮束製成2～3個圓環，垂在額前。這稱作「鬢幅」，而男性成年後執行公務時，也會貼在額頭上作為年輕的象徵。

稚兒髷與垂袖、長絹

稚兒髷為公家兒童的代表性髮型。日常服除了會穿水干形式的垂袖之外，也會穿垂領的直垂。另外，穿著長絹袴的整體造型稱作「長絹」。

江戶時代的公家一般來說經濟狀況都不佳，再加上當時衣類的價格非常高，在穿著上無法太過奢侈。公家男孩的禮裝會穿古式的半尻或水干（參照第56頁）等，日常則是穿著稱作「垂袖」，袖丈很長的衣，並搭配有菊綴的長絹袴。女孩一般都是穿小袖，沒有穿袴。在小袖下襬與袖口邊緣的布料則會塞入棉花。

垂袖與小袖是使用縮緬或綸子，並加上有職文樣。織物不平整的話會施以刺繡或絽刺的文樣。

不論男或女，公家孩子的髮型一般都是「稚兒髷」。這是把整個頭髮束於頭頂，再做出左右2個環圈的髮型。這種髮型在古代稱作「唐輪」，自公家社會傳承下來，一直到江戶時代才告終。

專欄〈10〉

冠的戴法

到平安時代中期為止，頭巾形式的冠是在絹布的四個角附上長長的帶子。在髻的外面罩上木製中空的巾子，再用布蓋住，以其中兩邊的布條在頭的後方打結，剩下的兩個布條則在巾子的前方打結並固定在頭部。

後來發展成與巾子一體化的冠，以巾子罩住髮髻後，橫向插入簪子固定在頭部。到室町時代為止都是採用這種形式，直到武士改成「月代」髮型，將頭頂的頭髮剃掉，因為髮量減少無法再以簪子固定，所以改成用懸緒固定在頭部，使冠本身變得像玩具一樣小。

到了近代，月代與髮髻皆已遭到廢止，因此冠又再度大型化，並以懸緒固定。

奈良時代～平安時代中期

從奈良時代左右發展出的形式，以方布的四個角打結。打結後垂在後方的部分，後來發展成「纓」。

平安時代中期～室町時代

用大大的巾子罩住髮髻，再橫向插入簪子固定。除了踢蹴鞠時之外，不會使用懸緒。

江戶時代

變小的冠無法單以髮髻固定，所以就用懸緒固定。穿束帶時是用「紙捻」的懸緒。

明治時代以後

不再結髻後，冠又再度大型化。戴上貼合頭型的冠，再用懸緒固定。

專欄〈11〉

女性髮型的變遷

在天武天皇的時代（7世紀後半），日本人基本上都是結髮，奈良時代的女性會在頭上結髻。髮型分成將一部分頭髮綁起來的「頭上二髻」，以及把所有頭髮綁起來的「頭上一髻」。在平安時代的清少納言時代之前，女性會在頭的前方梳「一髻」並插上梳子。到了紫式部的時代，女性則是只有把頭髮中分，讓左右兩邊的頭髮自然垂下（垂髮）。

到了鎌倉時代，為了活動方便會把後面的頭髮綁成「元結」或是「丈長」。這樣的髮型持續很長一段時間，不過到了江戶時代中期，民間流行的「燈籠鬢」髮型被宮中採納，發展成「大垂髮」。這種髮型很適合搭配分量感十足的十二單，因此近代的皇族女性或是女官穿著裝束時也沿用此一髮型。

頭上二髻（雙髻）

奈良時代以來的唐風髮型。有梳2個髻的「雙髻」與梳1個髻的「一髻」等髮型，平安時代中期以前是在前髮上梳一髻。

垂髮

不綁頭髮，在頭頂分出中分線，讓左右兩邊的頭髮自然垂下的髮型。工作勞動時會把頭髮塞在耳後或綁起來。

大垂髮(お大)(前)

江戶時代後期，宮中的髮型為「大垂髮」。髮型會配合不同儀式改變，舉行隆重儀式時會戴上髮飾。

大垂髮(お大)(後)

「大垂髮」一共細分為「お大」、「お中」、「おさえ」與「童」等形式，主要是依據綁髮時元結等的種類與數量來區分。

第6章

明治時代以後的裝束

明治時代以後　天皇

明治維新迎來裝束的轉捩點

明治維新是日本歷史上的重大轉捩點，裝束的世界也隨之出現劇烈的變化。日本明治維新初期可見重視和風的風潮，慶應4年（1868年）舉行明治天皇的即位禮時，廢止了以天皇的「袞冕十二章」（參照第14頁）為首的「禮服」。岩倉具視提出復古的想法，疾呼：「回到神武天皇時代」，以此為基礎一掃中國色彩，從此以後，天皇便以束帶・黃櫨染御袍之姿親臨儀式。

天皇的日常服裝承襲了江戶時代以來的傳統，頭戴御金巾子冠，身穿白小袖配大口袴，處理政務時穿直衣，外出時則穿御小直衣。這種沿襲古代的裝束，一直持續到明治4年（1871年）為止。

高聳直立的冠 黃櫨染御袍（天皇）

御立纓
從明治天皇開始變成高聳直立的纓。刺繡是從冠親（後見人的意思）伏見宮邦家親王而來的「俵菱」。菊紋的刺繡是從大正天皇開始使用。
御立纓冠
江戶時代之前的立纓冠都是自然往後垂的形式，不過據說當時的負責人受到「立纓」這兩個字的影響，才把纓做成直立的形式。
御下襲
與裾相連。
黃櫨染御袍
袍使用的顏色為「黃櫨染」，文樣則為「桐竹鳳凰麒麟」。皆為天皇專用。
御下襲的裾
表布為白綾的小葵文樣，內裡為濃蘇芳的豎菱文樣。從襟到裾的長度為2丈1尺5寸（約6m 50cm）。
御表袴
浮織上「窠霰」文樣。
御插鞋
將縹繝錦（在彩色的條狀色塊上施以菱等各式文樣）貼在淺沓上。

TPO 全年・隆重儀式時・天皇

正式度 ★★★★★

與江戶時代之前的黃櫨染御袍沒有太大的差異，不過將立纓冠的纓直立是從明治天皇開始的。從那之後直到現今，除了即位禮之外，舉行宮中祭祀時，天皇也是穿黃櫨染御袍，但是現代的纓改為稍微朝後下垂的形式。

外出時的裝束
御小直衣（天皇）

TPO 全年・外出服・天皇

正式度 ★★★★☆

明治天皇的外出服，天皇曾在明治4年11月檢閱海軍演習等場合，身著御小直衣、頭戴御金巾子冠。之後也曾經在6月底與12月底的消災祈福儀式「節折」中，穿著御小直衣。可用來取代直衣，不使用袖括的緒。

御金巾子冠
將纓折疊後，再用貼有金箔的紙夾住的小型冠。

御小直衣
夏季的顏色為二藍色，三重襷文樣。冬季的顏色為白色，施以小葵文樣。

御切袴
紅平絹。

御插鞋

宮中的裝束
御直衣・大口姿（天皇）

御立纓

御末廣
穿上御引直衣（參照第101頁）時是持紅檜扇，穿上御直衣時則是持末廣。

御直衣
與御小直衣一樣，夏季為二藍色、三重襷文樣，冬季為白色、小葵文樣。

御切袴
紅平絹。

御襪

御金巾子冠

御小袖

御大口
以紅平絹製成的袴。

御襪

御直衣　大口姿

TPO 全年・公務服與日常服・天皇　正式度 ★★★☆☆

從江戶時代到明治初年，天皇的日常服只有寬鬆的大口袴。御直衣除了少數例外，到了近代成為天皇使用的衣物，舉辦慣例的「勅使發遣之儀」時也會穿御直衣。

明治時代以後　天皇

明治時代至今的6種天皇裝束

近代以後的天皇裝束共有6種。即位禮正殿之儀、立太子禮、每年元旦的四方拜，以及其他例行的宮中祭祀，天皇幾乎都是穿「黃櫨染御袍」（參照第98頁）。大嘗祭與新嘗祭則是穿純白的「御祭服」與「帛御袍」，此時是戴「御幘冠」，並以白平絹綁住無文的纓。在即位禮的各種儀式中，舉行向神宮（伊勢神宮）、神武天皇山陵、前帝四代山陵報告立皇嗣的「勅使發遣之儀」時是穿「御引直衣」。天皇只有在上述情況下是穿御引直衣，即位後的勅使發遣之儀等則是穿「御直衣」（參照第99頁）。加上節折時穿的「御小直衣」，一共6種就是傳承至現代的天皇裝束。

最潔淨的裝束　御祭服（天皇）

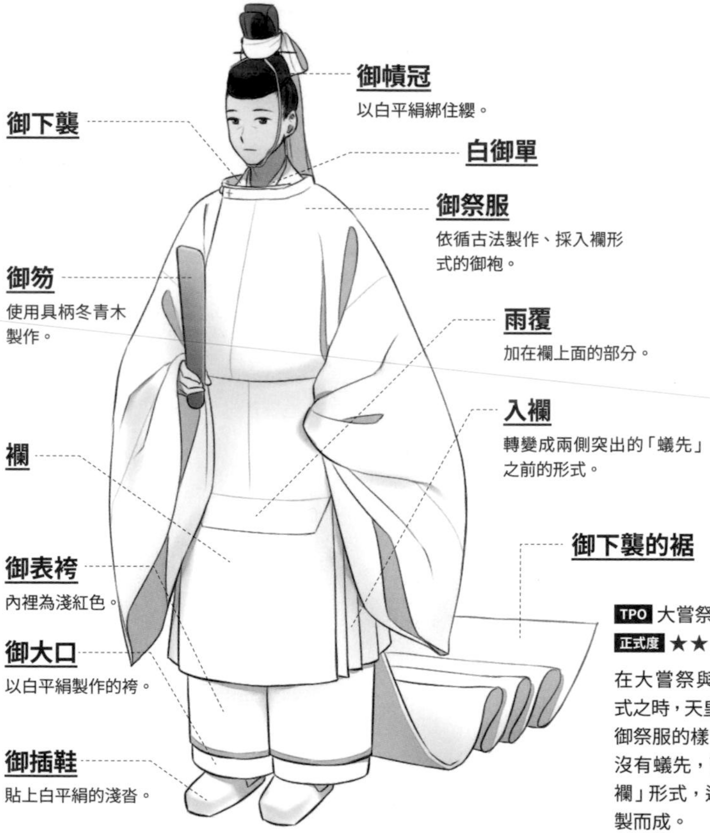
御幘冠
以白平絹綁住纓。
御下襲
白御單
御祭服
依循古法製作、採入襴形式的御袍。
御笏
使用具柄冬青木製作。
雨覆
加在襴上面的部分。
入襴
轉變成兩側突出的「蟻先」之前的形式。
襴
御下襲的裾
御表袴
內裡為淺紅色。
御大口
以白平絹製作的袴。
御插鞋
貼上白平絹的淺沓。

TPO 大嘗祭與新嘗祭・天皇

正式度 ★★★★★

在大嘗祭與新嘗祭舉行祭神儀式之時，天皇會換上「御祭服」。御祭服的樣式與一般的袍不同，沒有蟻先，而是有多層襞的「入襴」形式，這些都是遵循古法縫製而成。

祭神儀式前後的穿著 帛御袍（天皇）

TPO 大嘗祭與新嘗祭・天皇

正式度 ★★★★★

在舉行大嘗祭與新嘗祭等祭神活動的前後，天皇穿的是「帛御袍」。帛御袍是以白平絹製作，形式上與一般的縫腋袍無異。冠是與黃櫨染御袍相同的御立纓冠，但此時是用無文的冠。

御立纓冠
舉行祭神儀式用的無文的冠。
御袍
御下襲
御下襲的裾
蟻先
御表袴
御大口
御插鞋

僅在與即位禮相關的儀式穿 御引直衣（天皇）

御立纓冠
大正天皇以後，在纓上施以菊紋的刺繡。
御引直衣
冬季時為白色，小葵文樣。內裡是二藍色的平絹。
御衣
在白綾上施以小葵文樣。
御單
在紅綾上施以縱向的繁菱文樣。
長御袴
在紅綾上施以小葵文樣。

TPO 勅使發遣之儀・天皇

正式度 ★★★★★

直到平安時代中期為止，「御引直衣」（參照第25頁）都是簡單套上直衣的袍，是不須收束腰部的輕鬆日常服，後來才改為須收束腰部的裝束，並升格為舉行簡單儀式穿的衣服。在現代，御引直衣僅在與即位禮相關的儀式才會派上用場。

明治時代以後　男性

活躍於混亂的明治初期的裝束

明治維新一開始便陷入混亂的狀態，當時根本無暇規定服制，因此政府宣布「今後會制定官服制度，目前就先沿用舊制」，執行公務的時候，公家與諸侯著「衣冠」，公家與諸侯以下則是著「直垂」。舉例來說，慶應4年（1868年）舉行明治天皇的即位禮時，參加者也是以上述服裝參加典禮；明治5年（1872年）舉行新橋～橫濱間鐵道的開通典禮時，西鄉隆盛與大隈重信便是以直垂裝束出席參加。

然而在這之後，官吏的禮裝漸漸西化，禮裝也改成了洋服（大禮服，參照第106頁）。古時候的裝束只留下衣冠作為祭神專用服飾，之前的狩衣、直垂與裃等和風禮裝均遭到廢止。

衣冠（公家）

明治維新後仍常使用的裝束

TPO 全年・天皇東遷等・公家

正式度 ★★★★★

明治天皇東遷江戶時，周圍的公卿都是穿著衣冠騎馬。明治維新之後，公家仍然持續使用衣冠，直到明治5年衣冠被視為「祭服」，定位為祭神專用的服裝。但是這之後也有回歸以往的傾向，在宮中的各種儀式中，衣冠單（參照第72頁）與衣冠就曾復活。祭神儀式的相關人員在著衣冠單或衣冠時只有持笏，可以將帖紙放入懷中。

垂纓冠

衣冠

明治天皇東遷時，岩倉具視提出從品川宿進入江戶時，公家要換上衣冠。在此之前，公家是穿著直垂。

TPO 全年・儀式時・新政府徵士

正式度 ★★★★★

與明治天皇一同東遷的公卿，在品川換上衣冠以前都是穿著直垂。江戶幕府視為最高等級的直垂（參照第84頁），在幕末到明治時代初期這段期間，被參與建立新政府的人士當作重要的禮裝，風光一時。

明治初期的禮裝
直垂
（新政府徵士）

引立烏帽子
在江戶幕府的服制中是規定戴風折烏帽子，不過明治時代是搭配作戰時戴的引立烏帽子。
胸紐
直垂
身穿被江戶幕府視為最高等級禮裝的直垂。顏色沒有特別的規定。
菊綴
足袋

明治時代以後

神職

明治維新後訂定的神職服制

一直到江戶時代為止，神職人員都是隸屬京都的吉田家管轄，裝束也必須得到吉田家的許可才能穿著。黃色的狩衣與白色的狩衣「淨衣」等都是屬於神祇裝束。在明治5年（1872年）的服制大改革中，「衣冠」被指定為祭神專用的祭服。不過由於許多神職人員並沒有衣冠裝束，因此隔年立刻修正為「也可以穿著狩衣、直垂或淨衣」。在這之後也有人提出統一以淨衣或直垂為祭服的建議等，制定神職服制的過程經歷了許多曲折。

明治27年（1894年）訂定《神官神職服制》，終於結束了混亂的局面。裝束分為正服、略服與齋服，正服為衣冠單，略服為狩衣，齋服則重新制定。

到江戶時代為止的神職裝束 狩衣・淨衣（神職）

TPO 全年・神職（無位）

正式度 ★★★★☆

寬文5年（1665年），江戶幕府制定了《諸社禰宜神主法度》（神社條目），無位神職的裝束訂為「白張」（參照第29頁），神職資格由幕府授予再由吉田家頒布其特權，同時吉田家也握有裝束的認可權。吉田家認為，神職裝束除了白張（白狩衣）之外，也可以穿著文紗製的狩衣。

立烏帽子
狩衣
到了明治時代，吉田家喪失特權，狩衣的花色變得可以自由選擇。
笏
指袴
在明治時代，指袴的顏色與文樣和之前一樣都是按照位階區分。
淺沓
立烏帽子
古式的淨衣
到室町時代為止的淨衣形式。
袖括的緒（籠括）
袖括的緒藏在袖中，從外面只看得到露先。
腳絆
前往熊野三山或男山（石清水）八幡宮等參拜時使用。

狩衣　　淨衣

全新誕生的神職裝束

齋服（神職）

TPO 全年・神職

正式度 ★★★★☆

在明治27年（1894年）訂定的《神官神職服制》當中，齋服為全新制定的裝束，這是與衣冠類似的裝束。袍色與袴都是白色，穿的是指袴（切袴）。冠是遠文冠，所有神職人員不論身分都是穿相同的裝束。另外，在現在神社本廳的規定中，齋服是舉行次於大祭的中祭時所穿的裝束。

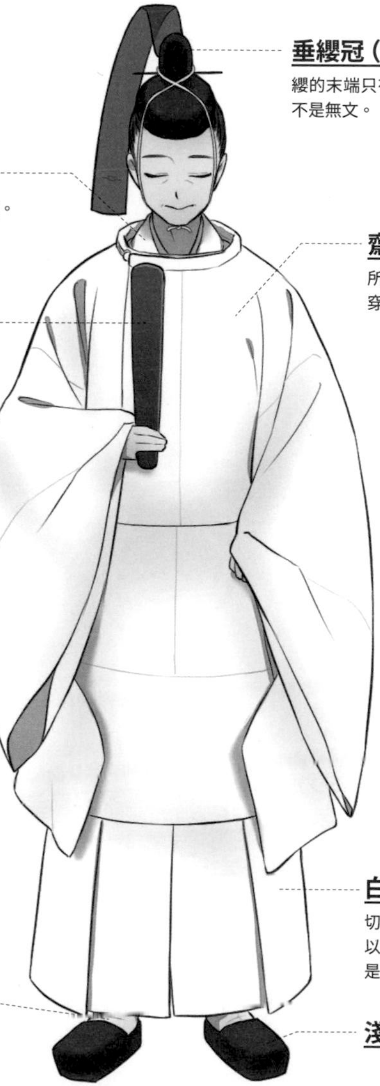

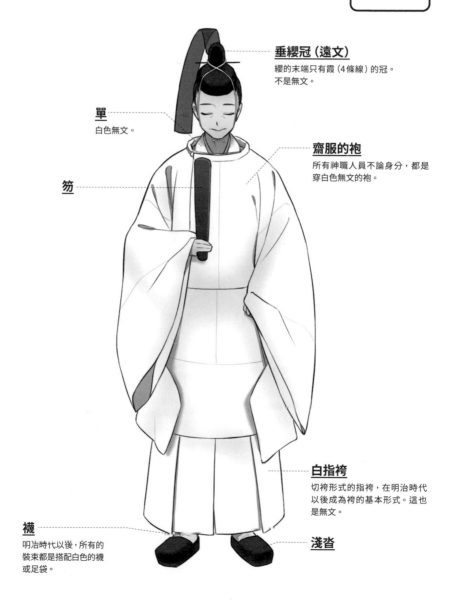

垂纓冠（遠文）
纓的末端只有霞（4條線）的冠。不是無文。
單
白色無文。
齋服的袍
所有神職人員不論身分，都是穿白色無文的袍。
笏
白指袴
切袴形式的指袴，在明治時代以後成為袴的基本形式。這也是無文。
襪
明治時代以後，所有的裝束都是搭配白色的襪或足袋。
淺沓

明治時代以後 男性

洋服化宣言造成裝束的鹿鳴館時代

明治4年（1871年）9月4日，明治天皇終於發表洋服化宣言。隔年5月明治天皇前往西國巡幸時，身穿繡有菊文樣、以金線裝飾的燕尾服，再隔年則身穿天皇用的大禮服拍攝紀念照。

在明治5年（1872年）9月（新曆11月）的服制大改革後，臣下也可以穿上述的西式大禮服。因為當時是參考歐洲的宮廷服製作，所以很常使用金線裝飾，特別是文官的大禮服，可說是十分金碧輝煌。陸海軍也有專屬的大禮服，明治17年（1884年）訂立華族制度之後，也制定了有爵位者專用的大禮服。另外，在山縣有朋的強力建議之下，宮內官的大禮服採用了華麗的普魯士王國樣式。

天皇的大禮服

在洋服化宣言下誕生的儀式服

TPO 全年・儀式時・天皇　**正式度** ★★★★★

於明治5年所制定的天皇專用大禮服，乃是日本政府從明治13年（1880年）開始向西歐各國的王室取經的結果，之後天皇專用的大禮服成為陸軍大元帥的大禮服。

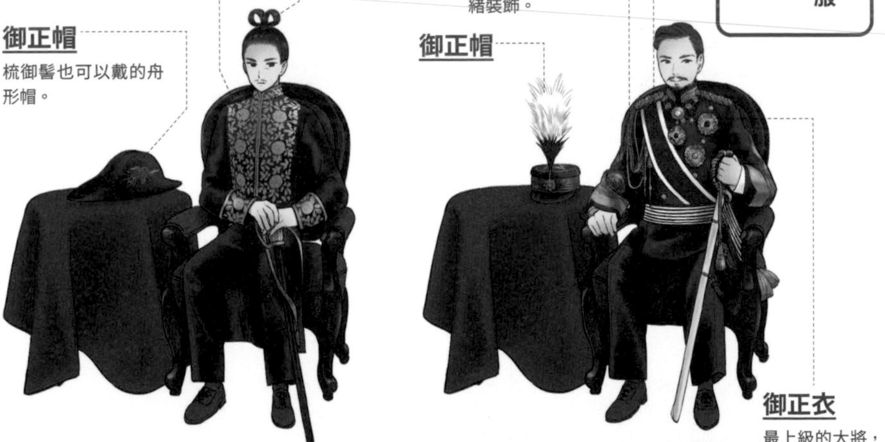

旭日桐花大綬章的綬
綬是指為了將勳章等別在衣服上的帶子。
御正服（明治5年型）
在胸前整片施以菊花紋章與菊葉的金線刺繡。
御髻
天皇是在明治6年（1873年）3月斷髮。
御飾緒
穿正裝時，少將以上會以將官飾緒裝飾。
御正帽
梳御髻也可以戴的舟形帽。
御正帽
御正衣
最上級的大將，也就是大元帥的正裝。

明治5年的大禮服

明治13年以後的大禮服

用金線描繪出華麗的文樣
文官・宮內官的大禮服

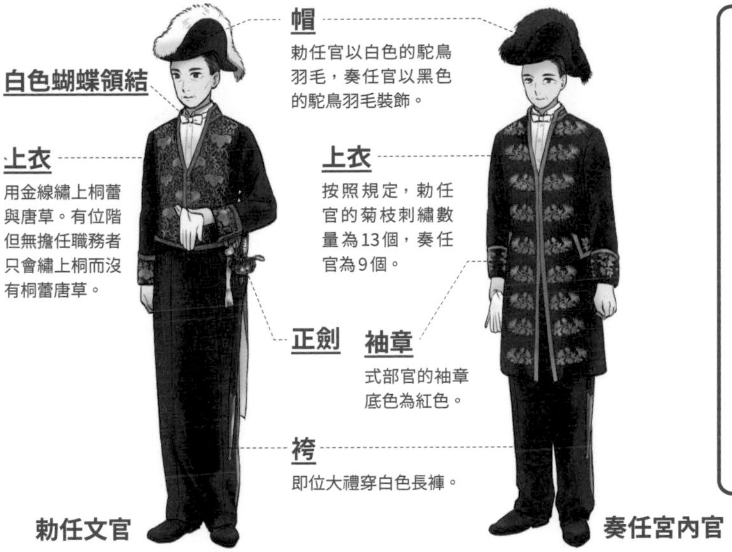
帽
敕任官以白色的駝鳥羽毛，奏任官以黑色的駝鳥羽毛裝飾。
白色蝴蝶領結
上衣
用金線繡上桐蕾與唐草。有位階但無擔任職務者只會繡上桐而沒有桐蕾唐草。
上衣
按照規定，敕任官的菊枝刺繡數量為13個，奏任官為9個。
正劍
袖章
式部官的袖章底色為紅色。
袴
即位大禮穿白色長褲。
敕任文官
奏任宮內官

TPO 全年・儀式時・文官、宮內官 **正式度** ★★★★★

文官分為敕任官、奏任官與判任官。最上級的敕任官的大禮服為黑羅紗製的燕尾服型，胸前與袖口部分會用金線繡上桐花葉與桐蕾唐草。有位階但無擔任職務者，只會繡上桐花葉而沒有桐蕾唐草。宮內官則是穿袍型的豪華大禮服，胸前會繡上菊枝。

顯眼的帽子與章
武官的大禮服

TPO 全年・儀式時・武官 **正式度** ★★★★★

陸海軍的大禮服稱為「正裝」。陸軍正裝的正衣為黑羅紗製的雙排扣形式，領子與袖口都會繡上金線，袖章的金線數量代表了階級。海軍的正裝為黑羅紗製的雙排扣形式，領子會繡上金線，肩上有吊穗肩章。

前立
使用駝鳥的羽毛裝飾。
正帽
可從金線的數量來辨識階級。
正衣
可從領口、肩章與袖章來辨識兵科與階級。
刀
明治時代前期為重劍形式（Épée，筆直且細長的劍）的正劍。
飾帶（sash）
省略前立與飾帶的話就成為「禮裝」。
正帽
帽子為英式的二角帽子。
正服
可從肩章與袖章來辨識階級。
劍
陸軍
海軍

明治時代以後 女性

文明開化與外出服的發展

江戶時代以前，宮廷與公家社會的女性幾乎沒有因公外出的機會。但是到了文明開化的時代，日本開始效仿歐美各國，從皇后到宮廷女性都開始積極參與公務活動。這時女性多以「袿袴」作為外出服，也設計出將下襬往上拉，更便於行走的「道中著」穿法。這時期穿的鞋子為西式包鞋。

女性在即位禮穿的是「五衣唐衣裳」，也就是所謂的十二單，不過明治時期各家的著裝方法都不同。若是以這樣的穿著迎接賓客未免有失禮數，因此在大正4年（1915年）的大正即位禮便有了統一的形式。

大正時期之後統一穿法 五衣唐衣裳（皇族・女官）

髮飾
檜扇
表著
五衣

御垂髮（お大）
江戶時代後期發展出的髮型。用稱作「髱裏」的厚紙做出芯放入頭髮中，左右往外做出鬢。

唐衣
唐衣的外面穿裳。

引腰

單
年輕人用深色。

裳
江戶時代的裳很短並附有懸帶（參照第92頁），到了近代裳又再度變長，懸帶卻不見了，有附上可以綁住衣類的小腰。

TPO 全年・隆重儀式時・皇族、女官

正式度 ★★★★★

女性只有在即位禮或是皇室的結婚典禮等會穿「五衣唐衣裳」。在大正即位禮中有統一規定皇族女性的衣裝規格，表著為入子菱紋搭配窠中八葉菊文樣，40歲以下的布料顏色為紅色，40歲以上則為二藍色。上文的顏色在大正時期為黃色，昭和以後則為白色。唐衣為紫龜甲紋搭配白雲鶴丸文樣，這種樣式一直傳承至令和時代。

袿袴（女官・華族夫人）

好穿易活動◎

TPO 全年・日常服或是外出服・女官、華族夫人

正式度 ★★★☆☆

作為便服的袿袴因為十分簡便，所以皇后在行啟等外出時也會穿。先在袴上綁一條粗的丸絎帶並打結，外面再套上袿。外出時可以將下襬往上拉並用帶子綁住，為了方便步行，前面會開八字形，再將襟塞進丸絎帶中，把衣服拉挺，便成為道中著的穿著形式。

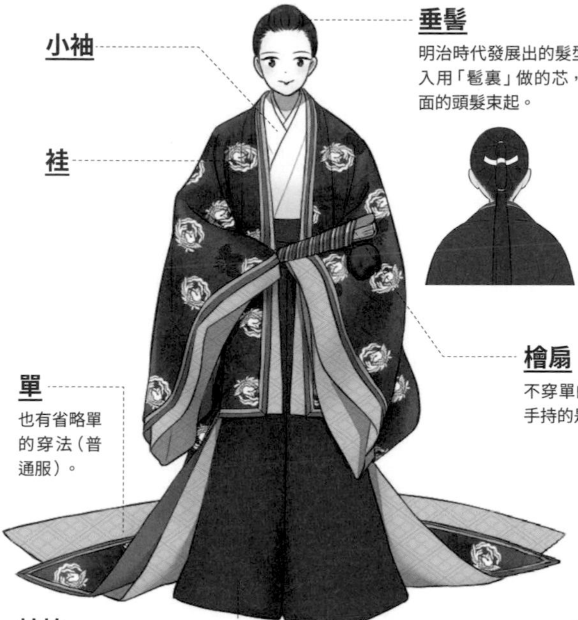

小袖

袿

單

也有省略單的穿法（普通服）。

垂髪

明治時代發展出的髮型。不需放入用「髱裏」做的芯，直接把後面的頭髮束起。

檜扇

不穿單的「普通服」，手持的是「雪洞扇」。

切袴

袿袴

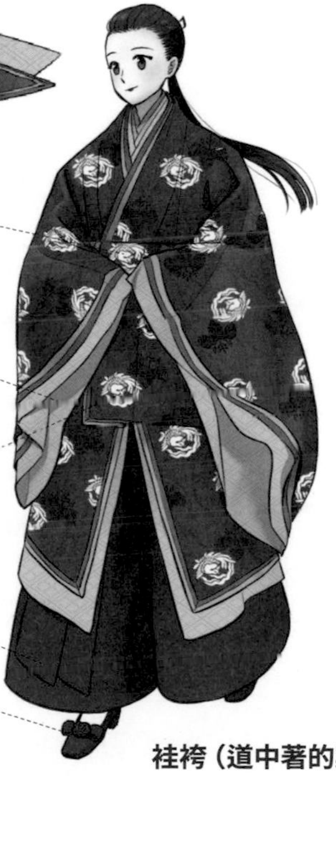

袿

把袿往上拉後，從上往下塞進丸絎帶中。

單

將袿拉高

把袿與下襬往上拉並固定，方便行走的穿法。

切袴

襪與靴

在西式包鞋的表面貼上與袴一樣的布料。

袿袴（道中著的穿法）

明治時代以後 **女性**

女性的洋服化宣言 兼顧優雅與活動性

日本女性穿洋裝的時程比男性來得晚，不過在伊藤博文強力推行文明開化的政策之下，明治19年（1886年）6月制定了女性著西式禮服的相關規定。接著在隔年明治20年（1887年）1月，皇后發布了思召書推動女性服裝的西化，「西式服裝方便行動，與日本古代的服裝也有共通之處」。雖然當時的外國顧問也有提議要尊重和裝，不過對於急於走向文明開化的日本來說，洋服化才是當務之急。

從明治20年的新年拜賀儀式開始，宮中的女性便穿西式服裝出席。另外，外出時的服裝也從原本的袿袴道中著（參照第109頁）改成西式服裝了。

讓裙裾優雅地散開

大禮服（manteau de cour）（皇后・皇族）

TPO 全年・新年拜賀儀式等・皇后、皇族

正式度 ★★★★★

大禮服是「manteau de cour（宮廷禮服）」形式，參加外國的戴冠式等場合也會穿。形式上領口較大，通常是無袖或短袖，戴白手套，持象牙扇。

寶冠（tiara）
manteau de cour
白色長手套
象牙扇子
御裳捧持者
因為禮服的裙裾很重，所以會有稱作「御裳捧持者」（pageboy）的少年負責拉裙襬。
御役服
紫色天鵝絨質地。從宮內省租借的衣物。
白長襪
帽子
有羽毛裝飾的帽子不是戴在頭上，而是用背的。
漆皮鞋
train（裙裾）
從肩膀或腰部往下的「train」（裙裾）長長地拖在身後。

中禮服 (robe décolletée)

微露胸口的禮服

tiara（皇冠）
robe décolletée
露出胸口的禮服。
象牙扇子
晚宴手套
(opera gloves)
禮裝用的長手套。
下襬
裙襬偏長，但不到裙裾的程度。

TPO 全年・晚宴或晚餐等

正式度 ★★★★☆

在晚宴或是晚餐等場合穿的中禮服稱作「robe décolletée」，在新年的宴會或天長節、地久節也會穿。另外在明治22年（1889年）舉行憲法發布會時，昭憲皇太后也是身穿中禮服。形式上領口開得很大，大多為無袖或短袖。

通常禮服 (robe montante)

立領・長袖的長禮服

robe montante
長袖立領服。montante在法文中是代表「上升」、「升高」的意思。
象牙扇子

TPO 全年・宮中儀式

正式度 ★★★☆☆

白天陪同上位者在宮中用餐所穿的禮服通常稱為「robe montante」，除了宮中的午餐會之外，在觀櫻會與觀菊會等許多場合都會穿這款禮服。形式為立領長袖的長禮服。從戰爭逼近的昭和13年（1938年）7月開始，以新年儀式為首的所有宮中儀式都規定穿著通常禮服。

專欄〈12〉

戰後的宮中裝束

宮中服

此為官方於昭和19年（1944年）《關於宮中女性的日常服》（皇室令第8號）中制定。

日本戰後，由於國民生活窮困，宮中的女性為了避免奢侈浪費，便穿著一種稱作「宮中服」的衣物。宮中服是參考貞明皇后（大正天皇皇后）在昭和5年（1930年）想出的「御茶席召」設計而成，上衣沒有衽且長度及腰，沒有裕袖與帶，將縫在背後的帶子拉到前面打結，並穿共裂（相同布料）的切袴。

戰爭時，因為沒有機會練習茶道，「御茶席召」也被人遺忘，不過在太平洋戰爭結束後不久，符合當時時局的「御茶席召」再度以「宮中服」的形式登場。以禮服布料來說，皇族妃以上使用緞子，女官以下使用綸子；作為日常服時也會使用西式服裝的布料，或以一卷和服布料來製作。

香淳皇后（昭和天皇皇后）在位時廢除了宮中服，改為穿普通的和服（訪問著），背景是昭和27年（1952年）《舊金山合約》生效，日本恢復主權國家的地位。

第7章

現代的裝束

現代 男性

在令和即位禮上可見的裝束

現代，在宮中會用到裝束的場合十分稀少，其中最盛大的儀式就是「即位禮正殿之儀」。即便是令和的即位禮，從天皇與皇后兩位陛下，到皇族、侍從與女官都是身穿古代裝束。所有男性都是穿著「束帶」，所有女性則是穿著「五衣唐衣裳」（十二單，參照第116頁）。

除此之外，在宮中舉行慣例的祭神儀式「宮中祭祀」時，天皇也會依照儀式穿上直衣或小直衣，舉行重要儀式時則是穿著束帶・黃櫨染御袍。而輔佐儀式的「掌典職」（祭神儀式的負責人）人員也會依照儀式與職務，分別穿上衣冠單、衣冠、布衣或雜色等裝束。

從明治時代傳承下來的各種御裝束 令和即位禮的裝束（天皇）

御引直衣

帛御袍

御束帶・黃櫨染御袍

御祭服

TPO 即位禮・天皇

正式度 ★★★★★

在令和元年（2019年）10月22日的「正殿之儀」開始前，便已陸續舉行各種儀式。5月8日前往伊勢神宮等地告知即位日程的勅使發遣儀式中，天皇就是穿著「御引直衣」。舉行正殿之儀前是穿「束帶・黃櫨染御袍」在宮中三殿進行祭拜儀式，接著便直接穿黃櫨染御袍參加正殿之儀。在11月14日晚上的「大嘗宮之儀」，天皇也是遵循古法，在到達廻立殿為止是穿著帛御袍，在悠紀殿與主基殿則是換穿御祭服。

依身分地位穿著適當的袍
令和即位禮的裝束（皇族男性）

TPO 正殿之儀・皇族男性　**正式度** ★★★★★

參加正殿之儀的成年皇族男性有兩位。一位是身為「皇嗣」的秋篠宮文仁親王殿下，穿著皇太子袍的「黃丹窠中鴛鴦」袍的束帶。而常陸宮正仁親王殿下原本預定要穿束帶「黑雲鶴」袍，不過考量到年事已高而改穿燕尾服。

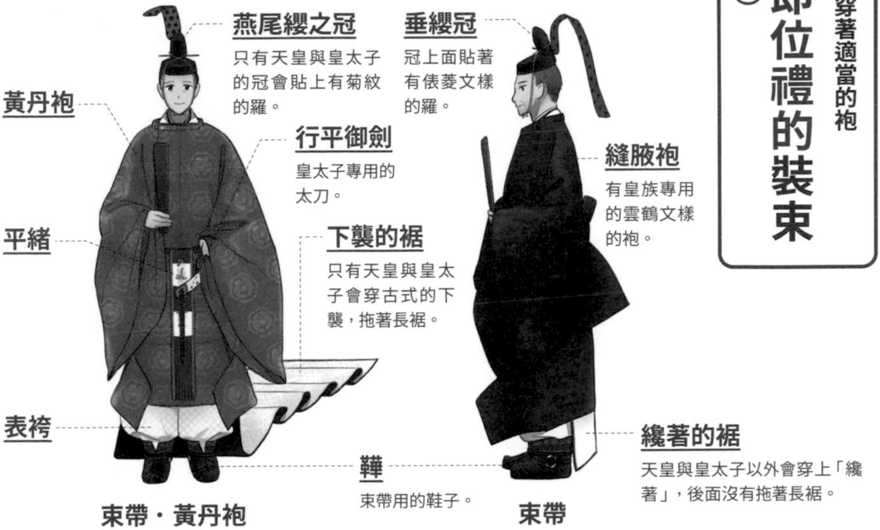
燕尾纓之冠
只有天皇與皇太子的冠會貼上有菊紋的羅。
垂纓冠
冠上面貼著有俵菱文樣的羅。
黃丹袍
行平御劍
皇太子專用的太刀。
縫腋袍
有皇族專用的雲鶴文樣的袍。
平緒
下襲的裾
只有天皇與皇太子會穿古式的下襲，拖著長裾。
表袴
纔著的裾
天皇與皇太子以外會穿上「纔著」，後面沒有拖著長裾。
鞾
束帶用的鞋子。
束帶・黃丹袍
束帶

依照職務穿著不同的束帶增添色彩
令和即位禮的裝束（庭上參役）

TPO 正殿之儀・庭上參役　**正式度** ★★★★★

這次因為下雨的關係，「庭上參役」的人員並沒有列隊於庭院中，原本應該會穿著束帶參加。

儀仗之弓
卷纓冠
挂甲
以江戶時代近衛次將的禮裝為標準。
垂纓冠
縫腋袍
持太刀穿黑袍，持弓穿赤袍，持桙（矛）穿綠袍。
卷纓冠
裲襠
平緒
弓
闕腋袍
前列穿黑袍、帶平胡籙，後列穿赤袍、帶壺胡籙的武官造型。
表袴
鞾
下襲的裾
闕腋袍
脛巾
負責守門的「衛門」，穿著是以平安時代近衛將監的禮裝為標準。
糸鞋
以絹線編織而成的鞋。
威儀者（前列）
威儀物捧持者
衛門

現代 女性

在令和即位禮上可見的裝束2

皇族女性的裝束，大致上是沿襲大正時代訂定的制度。參加即位禮正殿之儀與本人的結婚典禮是穿「五衣唐衣裳」，而同等的儀式，像是正殿之儀前在宮中三殿進行祭拜儀式時，皇后陛下就是穿「五衣小袿長袴」。皇族結婚前在宮中三殿進行祭拜儀式時，穿的是「小袿長袴」，其他場合則是穿「袿袴」，皇后與皇太子妃以外的皇族女性，從大正時代以來都是穿色彩花紋共通的裝束。

舉行令和即位禮正殿之儀時，皇后陛下與皇嗣妃殿下穿著全新的五衣唐衣裳，皇族女性則穿共通的五衣唐衣裳。大正時代以後皇后才開始參加大嘗祭，這種場合是穿純白的五衣唐衣裳配薄紅袴，頭戴銀製髮飾。

於現代復活的十二單 五衣唐衣裳（皇族・女官）

TPO 正殿之儀・皇族、女官　正式度 ★★★★★

五衣唐衣裳也就是所謂的「十二單」，在舉行即位禮正殿之儀時，除了皇后陛下、皇嗣妃殿下與皇族女性之外，皇后陛下的隨行女官也是穿五衣唐衣裳。包含皇族在內，五衣指的是只看得到5層外顯的「比翼仕立」，這是為了減輕重量，讓女性站著參加儀式也不會太有負擔。

皇后
御垂髮（お大）
御打衣
御唐衣
御五衣
御表著
御裳
皇族穿的裳會染印上桐竹尾長鳥的文樣。
御單
御長袴
女官
唐衣
單
表著
長袴
裳
女官的裳是繪有青海波與貝殼的「海賦文樣」，這是平安時代就有的文樣。

從明治・大正延續至今的女性裝束
五衣小袿長袴・袿袴（皇族・女官）

TPO 期日奉告之儀・皇族、女官

正式度 ★★★★★

舉行即位禮前，皇后陛下在宮中三殿進行「期日奉告之儀」時，穿著的裝束為「五衣小袿長袴」，身穿「袿袴」的隨行女官則是採道中著穿法。袿為大正時代以來的傳統，是葡萄色的梅之丸文樣。即位禮結束之後，兩位陛下前往伊勢神宮祭拜時，隨行的皇族女性也是穿袿袴道中著。皇族結婚前在宮中三殿進行祭拜儀式時，慣例上內親王是穿「五衣唐衣裳」，女王是穿「小袿長袴」。

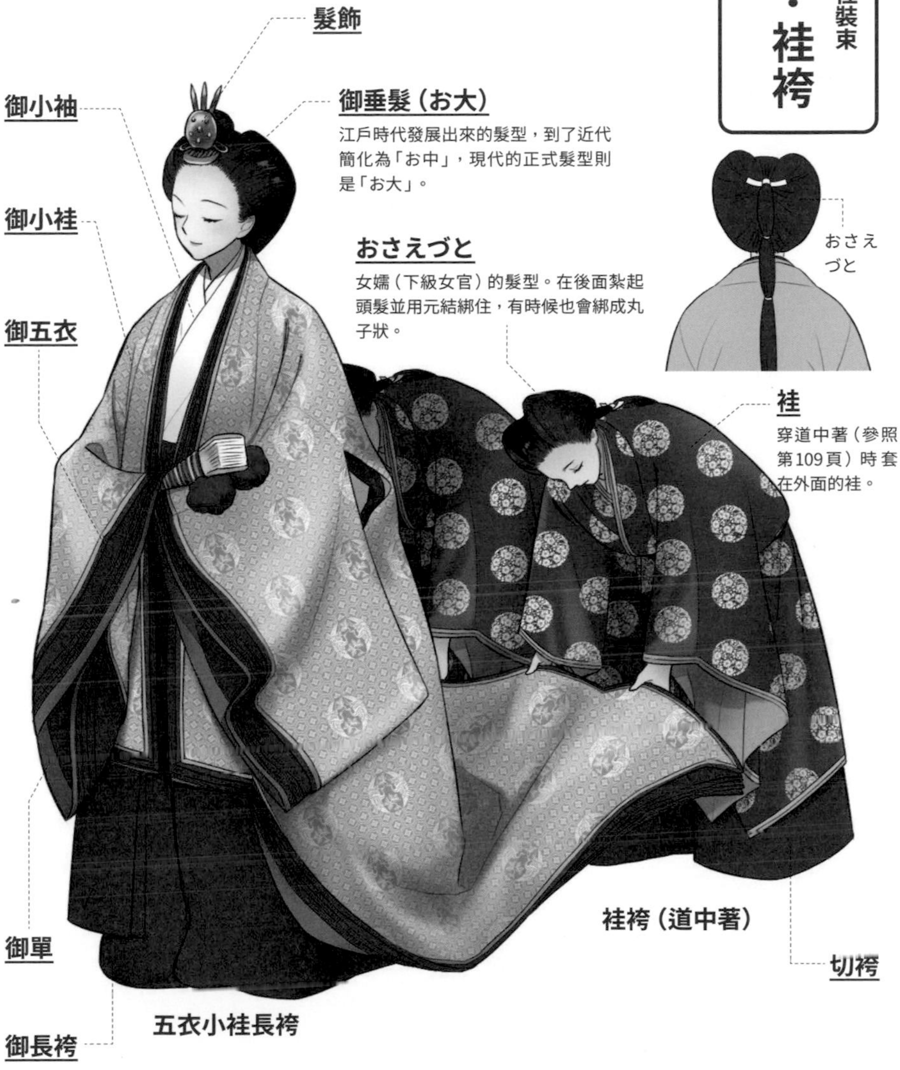

髮飾
御小袖
御垂髮（お大）
江戶時代發展出來的髮型，到了近代簡化為「お中」，現代的正式髮型則是「お大」。
御小袿
おさえづと
女嬬（下級女官）的髮型。在後面紮起頭髮並用元結綁住，有時候也會綁成丸子狀。
おさえづと
御五衣
袿
穿道中著（參照第109頁）時套在外面的袿。
袿袴（道中著）
切袴
御單
五衣小袿長袴
御長袴

現代 各行各業

在現代仍可見到各式各樣的裝束

在現代，除了演員演戲時會穿裝束，在日常生活中會穿裝束的，就屬最重視傳統的神社神職人員。明治時代，衣冠的袍是依據位階分為黑（四位以上）、赤（五位）、縹（六位以下）與黃（無位），雖然這是律令明文規定的當色，但是大正時代以後改為用官職來區分顏色，敕任官為黑色、奏任官為赤色、判任官則為縹色。

二次大戰後，神社成為宗教法人，神社本廳「神職身分」的特級、一級為黑色，二級上、二級為赤色，三、四級為縹色（名稱為綠色）。以袴的色彩花紋來區分神職身分。

此外，雅樂的伶人（樂師）也是穿古式的裝束，大相撲的行司（裁判）則是穿直垂。

神職的裝束（男性）

袴的色彩花紋也值得注意

TPO 全年・祭祀供奉時・男性神職

神職的裝束在大祭時的正裝為「衣冠單」，中祭用的禮裝為「齋服」，小祭或日常祭祀穿的常裝為「狩衣」。正裝與常裝的袴在色彩花紋方面，「神職身分」特級為白色藤丸大文，一級為紫緯白的藤丸文，二級上為紫緯薄的藤丸文，二級為紫色無文，三、四級為淺蔥無文。

垂纓冠
神職二級以上為繁文。
紅單
縫腋袍
神職二級以上為輪無唐草文樣。
奴袴
依照神職身分不同，色彩花紋也不一樣。白色有文為神職中最高等級的特級。
衣冠單
白單
垂纓冠
神職不分身分都是遠文。
齋服的袍
神職不分身分都是白色無文。
指袴
神職不分身分都是白色無文。
齋服
立烏帽子
狩衣
指袴
依照神職身分不同，色彩花紋也不一樣。紫色白文為神職一級。
狩衣

TPO 全年・祭祀供奉時・女性神職

神職的裝束（女性）

由江戶采女裝束而來

明治時代以後，只有男性可以擔任神職，不過戰後訂定了女性神職制度，規定正裝為袿袴，禮裝為白袿袴，常裝為水干。之後在昭和63年（1988年）參考江戶時代的采女裝束，制定了新的神職專用裝束。

心葉
釵子
唐衣
日蔭糸
表著
檜扇
單
捻襠指袴
與男性神職一樣，色彩花紋隨身分不同而異。
正裝
額當
仿造未成年皇族男性戴的冠「空頂黑幘」製作而成。
雪洞
表著
指袴
常裝
白衣
襌（千早）
紅指袴
也稱作緋袴。
巫女裝束

樂師・行司的裝束

與傳統藝能一同傳承下去

海松色的直垂
使用以茶色的經線、萌黃色的緯線織成的「海松色」布料。為了避免妨礙演奏，大多不使用胸紐。
引立烏帽子
折烏帽子
短刀
只有立行司會持短刀。
軍配
直垂
鎧直垂（參照第63頁）形式，較合身的版型。
菊綴
古式的形式。從最高位的立行司「木村庄之助」的紫到序之口的青（或是黑），依等級區分顏色。
上草履
三役格以上的行司可穿。

伶人（樂師）的直垂

明治時代初期，宮內廳樂部的樂師「伶人」進宮演奏所穿的裝束就是「直垂」。民間的樂師也幾乎都以此為準則，但有時也會穿狩衣等。

行司的直垂

大相撲的行司（裁判）會身穿直垂，頭戴古式的折烏帽子。這種裝束是從明治43年（1910年）開始的。

日本史年表

時代	年分	事件
古代～奈良	3世紀左右	包含《魏志倭人傳》在內的《魏志》編撰成書
	推古8年（600）	第一次派遣遣隋使
	推古11年（603）	制定冠位十二階
	推古30年（622）	聖德太子（廄戶皇子）去世、《天壽國繡帳》完成
	舒明2年（630）	第一次派遣遣唐使
	大化元年（645）	乙巳之變（大化改新）
	大寶元年（701）	制定《大寶律令》
	和銅3年（710）	平成京遷都
	養老2年（718）	制定《養老律令》（757年開始實施）
	天平4年（732）	聖武天皇開始穿著禮服
平安時代	延曆13年（794）	平安京遷都
	弘仁11年（820）	嵯峨天皇開始穿著「袞冕十二章」
	弘仁14年（823）	儀式官以外的禮服皆被廢止
	仁和3年（887）	藤原基經成為關白
	寬平6年（894）	停止派遣遣唐使
	延喜7年（907）	唐朝滅亡
	延長5年（927）	制定《延喜式》（967年開始實施）。10世紀《西宮記》完成

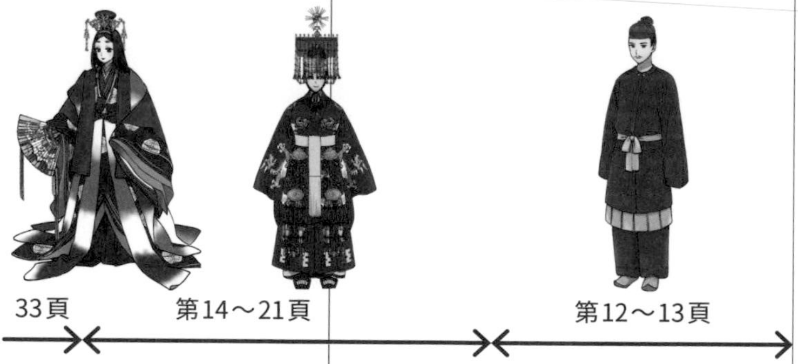

33頁
第14～21頁
第12～13頁

平安時代

康保4年（967）	藤原實賴成為關白，進入攝關政治全盛期
正曆元年（990）	藤原定子成為中宮
長保2年（1000）	藤原定子成為皇后、藤原彰子成為中宮。同一時期《枕草子》完成
寛弘5年（1008）	《源氏物語》、《紫式部日記》完成
長和5年（1016）	藤原道長成為攝政
應德3年（1086）	白河上皇開始實施院政
嘉保2年（1095）	設置北面武士
12世紀前半	《源氏物語繪卷》完成
保元元年（1156）	保元之亂
平治元年（1159）	平治之亂
仁安2年（1167）	平清盛成為太政大臣
治承4年（1180）	福原京遷都
文治元年（1185）	壇之浦戰役後，平氏滅亡
12世紀後半	《伴大納言繪卷》、《換身物語》完成

鎌倉時代

建久3年（1192）	源賴朝成為征夷大將軍
建曆2年（1212）	《方丈記》完成。隔年《禁秘抄》完成
承久3年（1221）	承久之亂
13世紀前半	《紫式部日記繪卷》、《平家物語》完成
14世紀前半	《春日權現驗記繪卷》、《不問自語（とはずがたり）》、《源平盛衰記》、《吾妻鏡》完成
正慶2年（1333）	鎌倉幕府滅亡

第24～

第36～43頁

第46～55頁

第60～69頁

室町～戰國時代

延元元年（1336）	制定《建武式目》。南北朝分裂
延元3年（1338）	足利尊氏成為征夷大將軍
應永8年（1401）	勘合貿易（日明貿易）開始
應仁元年（1467）	應仁之亂開始（～1477年）。之後進入戰國大名支配領國的時代
永祿3年（1560）	桶狹間之戰
元龜元年（1570）	葡萄牙商船首次在長崎進行交易
天正10年（1582）	本能寺之變
慶長5年（1600）	關原之戰

第72～77頁

江戶時代

慶長8年（1603）	德川家康成為征夷大將軍。江戶幕府開府
慶長16年（1611）	葡、明間的貿易獲得許可
元和元年（1615）	大阪夏之陣。制定《武家諸法度》、《禁中並公家諸法度》、《諸宗諸本山法度》
寬永12年（1635）	限定外國船僅能在長崎、平戶入港。禁止日本人出國與歸國。修訂《武家諸法度》
寬永18年（1641）	將荷蘭商館遷至出島。完成鎖國
寬文5年（1665）	制定《諸社禰宜神主法度》
享保元年（1716）	享保改革開始
享保7年（1722）	裳唐衣「再興」
天明7年（1787）	寬政改革開始
天保12年（1841）	天保改革開始。強化取締江戶市內的風俗業。株仲間（商人協會）解散
天保15年（1844）	裳唐衣「再興」

第80～93頁

江戶時代	安政元年（1854）	締結《日美親和條約》
	文久2年（1862）	文久改革開始
	慶應3年（1867）	大政奉還。宣布王政復古
	慶應4年（1868）	鳥羽伏見之戰、戊辰戰爭、江戶開城。舉行明治天皇即位禮、年號改為明治
明治～昭和時代	明治2年（1869）	決定遷都東京。五稜郭之戰宣告終結
	明治4年（1871）	明治天皇發表洋服化宣言
	明治5年（1872）	新橋～橫濱間的鐵道開通。實施官吏禮服的洋服化等服制改革
	明治10年（1877）	西南戰爭
	明治14年（1881）	頒布開設國會之敕諭
	明治17年（1884）	制定《華族令》、規定有爵者專用的大禮服
	明治19年（1886）	制定女性著西式禮服的相關規定。隔年，皇后發布思召書
	明治22年（1889）	頒布《大日本帝國憲法》
	明治27年（1894）	制定神官神職服制
	明治43年（1910）	大相撲的行司裝束改為直垂與烏帽子
	大正4年（1915）	舉行大正即位禮，統一「女房裝束（十二單）」的穿法
	昭和13年（1938）	所有的宮中儀式都改為穿著通常禮服（robe montante）
	昭和63年（1988）	規定女性神職的專用裝束
現代	令和元年（2019）	舉行令和即位禮

第98～111頁

第114～119頁

索引

【英日文】

【1～5劃】

【6～10劃】

【11〜15劃】

【16〜24劃】

主要參考文獻

關根正直《增訂装束図解》(六合館、1926年)
江馬務《增補日本服飾史要》(星野書店、1949年)
日野西資孝《図説日本服飾史》(恒春閣、1953年)
河鰭實英《有職故実》(塙書房、1960年)
大丸弘《平安時代の服装－その風俗史的研究－》(成美社、1961年)
八束清束《装束の知識と着法》(文信社、1962年)
河鰭實英《日本服飾史辞典》(東京堂出版、1969年)
河鰭實英《有職故実図鑑》(東京堂出版、1971年)
北村哲郎《日本服飾史》(衣生活研究會、1972年)
江馬務・河鰭實英監修《十二単の世界》(講談社、1976年)
井筒雅風《原色日本服飾史》(光琳社出版、1982年)
鈴木敬三《有職故実図典 服装と故実》(吉川弘文館、1995年)
仙石宗久《十二単のはなし》(婦女界出版社、1995年)
秋山虔・小町谷照彥編《源氏物語図典》(小學館、1997年)
鈴木敬三編《有識故実大辞典》(吉川弘文館、2004年)
池上良太《図解日本の装束》(新紀元社、2008年)
佐多芳彥《服制と儀式の有職故実》(吉川弘文館、2008年)
清岡長和《衣紋によせて》(新樹社、2008年)
增田美子編《日本衣服史》(吉川弘文館、2010年)
井筒雅風《風俗博物館所蔵　日本服飾史　女性編》(光村推古書院、2015年)
井筒雅風《風俗博物館所蔵　日本服飾史　男性編》(光村推古書院、2015年)
武田佐知子・津田大輔《礼服　天皇即位儀礼や元旦の儀の花の装い》(大阪大學出版會、2016年)
畠山大二郎《平安朝の文学と装束》(新典社、2016年)
川村裕子《装いの王朝文化》(KADOKAWA、2016年)
田中圭子《日本髪大全》(誠文堂新光社、2016年)
似內惠子《子どもの着物大全》(誠文堂新光社、2018年)
近藤好和《天皇の装束－即位式、日常生活、退位後》(中央公論新社、2019年)

主要參考 HP

日本服飾史　https://costume.iz2.or.jp/
風俗博物館　http://www.iz2.or.jp/top.html

八條忠基

綺陽裝束研究所負責人。除了致力於古典文獻的解讀研究，也將一般認為門檻很高的「有職故實」知識推廣給大眾，持續研究與舉辦推廣活動讓現代人也能將知識活用於生活中。在日本全國的大學、圖書館與神社等地巡迴演講。主要著作有《有職裝束大全》（平凡社）、《有職文様圖鑑》（平凡社）、《有職的色彩圖鑑》（淡交社）、《詳解有職裝束的世界》（KADOKAWA）（以上中文書名皆為暫譯）等。日本風俗史學會會員。

日本裝束解剖圖鑑

2021 年 9 月 1 日初版第一刷發行

著　　者　八條忠基
譯　　者　李秦
副 主 編　陳正芳
發 行 人　南部裕
發 行 所　台灣東販股份有限公司
＜地址＞台北市南京東路 4 段 130 號 2F-1
＜電話＞ (02)2577-8878
＜傳真＞ (02)2577-8896
＜網址＞ http://www.tohan.com.tw
郵撥帳號　1405049-4
法律顧問　蕭雄淋律師
總 經 銷　聯合發行股份有限公司
＜電話＞ (02)2917-8022

國家圖書館出版品預行編目資料

日本裝束解剖圖鑑 / 八條忠基著；
李秦譯 . -- 初版 . -- 臺北市 :
臺灣東販股份有限公司 , 2021.09
128 面 ; 14.8×21 公分
譯自 : 日本の装束解剖図鑑
ISBN 978-626-304-792-1(平裝)

1. 服飾習俗 2. 日本

538.1831　110012053